Stratégiques Orients

Directeur de la rédaction :
Pierre Berthelot
Rédacteur en chef :
David Rigoulet-Roze
Coordinateur éditorial :
Ata Ayati

Direction de Publication : Xavier Pryen et Ata Ayati

5-7, rue de l'École-Polytechnique ; 75005 Paris
http://www.harmattan.fr
diffusion.harmattan@wanadoo.fr
harmattan1@wanadoo.fr
ISBN : 978-2-343-05590-9
EAN : 9782343055909

Éditorial Orients stratégiques
Pourquoi Orients Stratégiques ?

« L'Orient » au sens large, demeure plus que jamais « compliqué » et difficilement appréhendable « avec des idées simples » selon la célèbre formule, mais peut-être moins lointain qu'il n'y paraît par les enjeux que soulèvent ses actuelles convulsions. Au coeur des enjeux nucléaires contemporains, des guerres asymétriques, épicentre d'un djihadisme désormais internationalisé, abritant les principales villes saintes du monde, son importance économique n'est plus à démontrer puisque Proche et Moyen-Orient, par exemple, abritent une part notable des ressources dont notre planète a impérativement besoin et c'est évidemment ce qui confère à cette zone, pour le moins instable, une dimension stratégique qui s'impose à tous, « nolens volens ». Mais de quel « Orient » est-il somme toute question dès lors que se profile le « pivot » souhaité par les États-Unis vers l'Extrême-Orient et l'Asie-Pacifique, nouveau centre de l'économie-monde à l'aube du XXIe siècle ? C'est donc bien d'« Orients » multiples et polymorphes dont il faudrait parler afin d'être en mesure de proposer une approche renouvelée de la question à travers un prisme stratégique affirmé et revendiqué.

Sommaire

Avant-propos

ROLAND DUMAS[1]

Les sanctions internationales sont une forme de guerre, mais sans les armes, c'est-à-dire que chaque pays prend position, se défend et ceux qui se proclament les plus vertueux ne le sont pas toujours, dans un contexte où les Etats privilégient avant tout leurs intérêts.

Les sanctions internationales existent depuis toujours et sans remonter jusqu'au boycott des Grecs et des Romains mais simplement au XIXe siècle, on observe que le siège, les guerres qui ont eu lieu sous Napoléon, ont entrainé des représailles internationales. Souvenons-nous que la France était boycottée et ne pouvait pas recevoir de sucre des Antilles, parce que les Anglais dominaient les mers, même s'il faut retenir l'aspect positif de ce blocus, la culture de la betterave, mais malheureusement toutes les sanctions ne sont pas aussi bénignes.

Praticien des relations internationales, j'ai donc eu connaissance des sanctions au cours de mon périple parlementaire et au-delà. Ce que l'on peut retenir, c'est que s'il existe plusieurs organisations ou structures internationales telles que l'O.N.U, la Cour internationale de Justice, etc, l'appréciation reste le plus souvent à la discrétion des États, et que les sanctions quand elles sont décrétées collectivement sont néanmoins appliquées par les gouvernements de chaque pays, qui retrouve alors sa doctrine, ses privilèges, ses droits. Mais dans la pratique qu'est-ce qui se passe ? Chaque pays applique en principe la sanction qui a été votée, mais quand elle ne l'a pas été de façon unilatérale, ce qui est fréquent et regrettable, l'application l'est le plus souvent. Je voudrais à cet égard revenir sur deux exemples contemporains.

D'abord, les sanctions qui ont été prises contre l'Iran, sujet à la mode dont on connaît la cause, les décisions qui y sont associées, et les modalités d'application. Chacun, aujourd'hui dans le monde tel qu'il est, poursuit, peu ou prou l'application de sanctions. L'Europe a par exemple pris des sanctions contre vingt-sept États, en deux temps. Mais ce qui a un sens, c'est que les sanctions donnent une base juridique à des actions dont certaines peuvent sembler discutables. Par exemple,

1- Ancien ministre des Affaires étrangères et ancien président du conseil constitutionnel.

il y a un embargo sur le pétrole, concernant l'Iran, mais il est appliqué de différentes façons. Ainsi, une société nationale française, faisant du zèle au-delà de la sanction elle-même, refuse de faire le plein des avions iraniens quand ils viennent à Paris, alors que quasiment tous les autres pays européens font le contraire. Ce qui fait que quand un avion iranien se pose en France il est obligé de faire son plein en Allemagne et de repartir après, et notre pays est le seul pays qui adopte cette attitude exagérée, au-delà du texte. Toujours dans le cadre des sanctions qui ont été prises contre l'Iran, fomentées notamment par les États-Unis d'Amérique, qui nous le savons sont les maîtres du jeu, des restrictions à caractère économique, commercial ou bancaire ont été décidées. Il est ainsi interdit aux banques de l'ensemble de l'Ouest de contribuer au commerce avec l'Iran ou de satisfaire des transactions financières (tant qu'un accord global n'aura pas été trouvé avec ce pays sur la question nucléaire, notamment). En application de cette décision, les États-Unis et leurs principales banques, ont envoyé des émissaires dans tous les pays d'Europe, y compris en France, pour dire que surtout il ne fallait rien faire avec l'Iran. Leurs interlocuteurs ont souligné que nombre de transactions relevaient d'actions passées et que ce n'était certainement pas l'Amérique du Nord qui allaient les honorer. C'est-à-dire que les sanctions internationales sont en réalité laissées à la discrétion de chacun des États qui applique sa politique, dans le cadre ou sous couvert d'un « parapluie international ». Concernant cette problématique de règlements financiers, pour des affaires qui associent l'Iran et des pays comme l'Inde, l'Afrique du Sud, la France, l'Allemagne, les règlements ne peuvent même pas avoir lieu, alors que cela procède d'un effet rétroactif dont on sait qu'il est banni de presque tous les systèmes juridiques.

Certes il ne faut pas être naïf, le monde restera tel qu'il est, c'est-à-dire avec des grandes divisions, avec des séparations. Tentons cependant de raisonner à propos des sanctions dans un esprit constructif et pragmatique : elles sont certes utiles intellectuellement, mais leur dimension pratique est plus que discutable.

Deuxièmement, à qui s'appliquent les sanctions? En réalité aux populations civiles, comme en Iran ou en Syrie, qui sont alors les premières victimes. Ce ne sont pas les États, ce ne sont pas des gouvernements, et il faut donc faire preuve de réalisme. Pourtant, cela commence toujours de la même façon : la saisie des finances des chefs d'État que l'on a « distingués », ensuite l'interdiction de ventes d'armes, et puis les considérations sont élargies, à savoir l'interdiction de transactions commerciales, etc. Les sanctions internationales sont donc une arme de guerre sans les armes de guerre, mais c'est une arme de guerre pour choisir tel ou tel pays qui n'est plus dans la ligne, et dont on veut changer le gouvernement. C'est l'exemple de la Libye, un pays qui était l'objet de sanctions internationales depuis 1986, par gradations successives, par étapes, y compris de l'Europe. Les sanctions internationales prises par les organisations internationales, sous le couvert du Conseil de Sécurité, de l'Europe, peu importe, servent en réalité des intérêts particuliers dont il faut tenir compte. C'est la réalité de la vie internationale et il nous appartient d'être à notre tour des réalistes.

Préface

BOUTROS BOUTROS-GHALI[1]

Le recours à des mesures coercitives ou à des sanctions a augmenté au cours des deux dernières décennies au sein de « la communauté internationale ». De nos jours, les sanctions sont adoptées en vue d'atteindre des objectifs politiques ou juridiques, pour la préservation de la paix et de la sécurité internationales voire pour lutter contre l'impunité de certains pays ou de certaines puissances, ou encore pour réagir contre un acte internationalement illicite, dans le respect du droit international. Il s'agit dans ce cas de ce qu'on appelle « la prise de contre-mesures ».

Puisque la guerre n'est plus autorisée, sauf dans de rares exceptions, ces mesures sont considérées comme un substitut à l'usage de la force et donc comme l'unique option alternative. Néanmoins, dans un monde divisé mais où s'impose la mondialisation, le fondement juridique et les motifs politiques relatifs aux conditions d'adoption et de mise en œuvre de ces mesures devraient faire l'objet d'un examen et d'une analyse académique. Dès lors, un certain nombre de questionnements surgissent : quand, pourquoi, comment et qui doit imposer et mettre en œuvre des sanctions internationales? De nombreux juristes et plus particulièrement des spécialistes en droit international public, mais aussi des responsables politiques se penchent sur ces enjeux depuis longtemps. Cependant, aucune réponse claire n'a été donnée, ce qui nous conduit à une planète fragmentée à la place d'un « monde unifié ».

À l'issue du traité de Westphalie en 1648, les États ont obtenu une grande marge de manœuvre pour imposer des sanctions et des restrictions essentiellement de nature économique, très souvent de manière unilatérale et désorganisée. Ces mesures étaient adoptées pour satisfaire les intérêts des pays qui les imposaient et leur permettre d'atteindre des objectifs politiques. Progressivement, la société internationale s'est rendue compte de la nécessité d'une concertation entre les nations dans la recherche d'objectifs communs, loin du recours à la force. Nous avons alors assisté à l'émergence de l'idée d'une

1- Ancien Secrétaire général des Nations-Unies et de l'Organisation internationale de la francophonie.

imposition des sanctions à travers une police internationale. Je me réfère ici au traité de Cornelis Van Vollenhoven, « La sanction du droit international par la voie d'une police internationale : rapport adressé au Bureau international de la Paix pour être transmis au Congrès de La Haye » publié en août 1913.

C'est ainsi que, finalement, la Charte des Nations unies a consacré une disposition relative à l'imposition de sanctions. Il s'agit de l'article 41 de la Charte en vertu duquel le Conseil de sécurité des Nations unies peut demander aux États membres d'appliquer des mesures n'impliquant pas l'emploi de la force armée pour maintenir ou rétablir la paix et la sécurité internationales. Ces mesures sont communément appelées « sanctions ». Le fondement juridique des sanctions, tiré des dispositions de l'article précité de la Charte, tient à souligner que l'objectif escompté de ces mesures est de modifier le comportement d'une partie qui menace la paix et la sécurité internationales et non pas de la punir ou de prendre des représailles à son encontre.

Par ailleurs, nous assistons parallèlement à la montée en puissance des sanctions collectives qui peuvent être édictées par le Conseil de sécurité des Nations unies concomitamment à d'autres types de sanctions unilatérales décidées ou issue d'une décision commune prise par un groupe d'États à travers des organisations régionales, à l'instar des mesures qui sont de nos jours adoptées par l'Union européenne. Il existe quantité de questions juridiques et pratiques relatives à l'adoption et la mise en place des sanctions. Quand j'ai été Secrétaire général des Nations unies, je me suis employé à clarifier les aspects relatifs à la mise en place et à l'application des sanctions internationales en essayant d'instaurer un cadre juridique assurant une efficacité aux sanctions internationales. J'ai donc essayé d'établir un plan à cet effet afin d'éviter la déviation de l'objectif des sanctions, portant atteinte aux conditions humaines et socio-économiques.

Dans mon rapport intitulé « Supplément à l'Agenda pour la Paix », que j'ai établi en 1995 (A/50/60), j'ai proposé une modification du régime préalable des sanctions, dans l'objectif non seulement de les rendre plus efficaces mais aussi et surtout pour éviter les dérives précitées, portant atteinte aux droits de l'Homme et sanctionnant la population civile ou des États tiers. Quant à la question relative à la légalité des sanctions, c'est un sujet controversé et méritant un développement approfondi, ce que ne manquerons pas de rappeler les auteurs et spécialistes dans cet ouvrage.

En revanche, je voudrais souligner que malgré l'adoption d'un nouveau régime de sanctions appelé « sanctions ciblées », il n'en demeure pas moins que les éléments et le régime exposés dans mon rapport précité de 1995 restent d'actualité, en particulier en ce qui concerne les sanctions unilatérales. Par conséquent, *mutatis mutandis*, je me permets de rappeler et de souligner mes préoccupations évoquées dans ce rapport, il y a environ une vingtaine d'années, à ce sujet. À cet égard, je rappelle que les objectifs des sanctions mises en place d'une manière spécifique ne sont pas clairement définis. En effet, ces objectifs peuvent aussi changer dans le temps. Cette combinaison d'imprécision et d'insécurité juridique empêche de juger à quel moment ces objectifs pourraient être atteints et, par conséquent, les sanctions levées. Ainsi, certaines sanctions peuvent paraître sans effets voire superflues.

Par ailleurs, je rappelle qu'il faudra être prudent dans la prise et la mise en œuvre des sanctions pour éviter de donner l'impression qu'elles sont décidées, dans un esprit de vengeance, pour punir au lieu d'avoir comme objectif la modification de comportements politiques illicites menaçant la paix et la sécurité internationales ou le fait de contraindre un État à se conformer à ses obligations. Je partage d'ailleurs les dispositions de la récente résolution de l'Assemblée générale des Nations unies du 16 décembre 2009 (A/RES/64/115) qui indique que les sanctions « *doivent être soigneusement ciblées sur des objectifs précis et légitimes, et appliquées de manière à respecter l'équilibre entre l'efficacité de la réalisation de ces objectifs et les conséquences néfastes qu'elles peuvent avoir pour les populations et les États tiers, notamment sur le plan socio-économique et humanitaire* ».

Tout en reconnaissant que les sanctions sont en réalité adoptées par les instances politiques plutôt que par des organes judiciaires dans un monde où le droit devrait en principe régner et régir les rapports de la communauté internationale, je souhaite que ceux qui décident de la mise en place de sanctions définissent et délimitent les objectifs de ces dernières d'une manière prudente et objective pour éviter les aléas de la subjectivité politique et que ces sanctions soient uniquement imposées dans le respect du droit international public. Bien entendu, en préservant les droits fondamentaux auxquels il n'est nullement permis de déroger. Ainsi donc, la priorité doit être accordée au règlement pacifique des différends par tous les moyens de la négociation et de la médiation. Les sanctions ne devraient être imposées qu'en dernier ressort quand toutes ces mesures pacifiques échouent, d'une manière équilibrée et proportionnée.

Au cas où des sanctions seraient mises en œuvre dans le cadre de ce qu'on appelle des « contre-mesures », elles ne doivent pas être prises d'une manière exacerbée sinon elles auraient les mêmes conséquences que celles de l'usage de la force en déstabilisant le pays ciblé. De même, les sanctions ne doivent pas déroger au *jus cogens* en violant le principe de la non-intervention, édicté par les règles du droit international public et confirmées par la Charte des Nations unies. Comme on le sait, les sanctions sont en réalité un instrument contondant, puisque telles un marteau elles écrasent sans véritablement percer. Elles soulèvent la question éthique de savoir si les souffrances infligées aux groupes vulnérables dans le pays visé sont un moyen légitime d'exercer une pression sur les dirigeants politiques de ce pays. L'enjeu est de vérifier si ces mesures affectent réellement les chefs d'État ou les gouvernements, ou si elles n'utilisent pas plutôt la population civile comme otage pour contraindre les premiers en tentant de retourner l'opinion publique contre eux. L'expérience a démontré, à ce sujet, que les sanctions ont des effets non escomptés ou inattendus.

C'est la raison pour laquelle, je réitère ma prudence dans l'adoption et la mise en place des sanctions internationales pour ne pas entrer en contradiction avec l'esprit de la Charte des Nations unies que j'ai toujours défendue, notamment celui du développement des nations et la liberté des échanges internationaux. Enfin, je rappelle que les sanctions peuvent malheureusement avoir de graves répercussions sur des pays tiers, notamment voisins de celui contre lequel les sanctions sont imposées, comme l'a rappelé la résolution précitée de l'Assemblée générale du 16 décembre 2009. Elles peuvent également contredire leur objectif en provoquant une réaction dans la population du pays contre lequel ces mesures sont imposées, un phénomène patriotique de ralliement aux dirigeants, alors que les sanctions visent à modifier leurs comportements. Dans ce cas, cette population manifestera une hostilité à l'encontre de la communauté internationale, symbolisée par les Nations unies.

En rappelant ces considération juridiques, éthiques et pratiques que j'ai soulevé depuis deux décennies, je ne remets pas en question la nécessité des sanctions, dans certains cas, mais je voudrais mettre en exergue la possibilité des moyens et des solutions pour atténuer leurs effets et conséquences néfastes que j'ai décrits, dans un monde où devrait régner et primer le droit. Et c'est à ce titre que je salue donc l'initiative de la Faculté libre de droit, d'économie et de gestion de Paris, et en particulier Elie Hatem, pour l'organisation du colloque « embargos et sanctions » dont cet ouvrage restitue avec justesse et pertinence les enjeux tant politiques que juridiques, dans un contexte international où ils sont plus que jamais d'actualité.

Introduction

Alors que l'année 2014 s'est ouverte sur une crise presque sans précédent entre l'Occident et la Russie à propos de l'Ukraine, et que les négociations sur la question nucléaire entre l'Iran et États-Unis sont toujours en cours et incertaines, les sanctions internationales semblent plus que jamais au cœur de l'actualité. Traditionnellement utilisés par les États dans le cadre des conflits armés, à titre d'alternative aux moyens strictement militaires, les embargos et les sanctions internationales sont aujourd'hui très fréquemment mis en œuvre en temps de paix. Hors du cas particulier des sanctions décidées par le Conseil de sécurité de l'ONU, elle émanent aujourd'hui tant des organisations régionales (notamment l'Union européenne) que des nations agissant unilatéralement (comme les États-Unis), et se fondent sur des motifs très divers : lutte contre la prolifération des armes de destruction massive, contre le terrorisme, contre des États jugés coupables de violations des droits de l'homme, etc. Leur légitimité est fréquemment l'objet de questionnements, et leur mise en œuvre ne manque pas de soulever des problèmes majeurs, qui peuvent être appréhendés tant du point de vue du droit international, que de celui de l'étude des relations internationales. C'est dans cette perspective qu'un colloque international a été organisé le 1er février 2013 à la Faculté libre de Droit, d'économie et de Gestion de Paris[1], sous la présidence et en la présence de S.E. Monsieur Boutros Boutros-Ghali, ancien Secrétaire général des Nations Unies et de l'Organisation internationale de la francophonie, visant à réunir des experts, universitaires, théoriciens ou praticiens de ces deux disciplines (qui connaissent une interpénétration de plus en plus soutenue, phénomène trop ignoré)[2], qui ont tenté de dégager les grands axes des problématiques-juridiques et géopolitiques-

....

1- FACO Paris

2- Anne-Marie SLAUGHER, Andrew S. TULUMELLO and Stepan WOOD, " International Law and International Theory : A New Generation of Interdisciplinary Scholarship ", *American Journal of International Law*, Vol. 92, July 1998, pp. 367-397; « Le droit international est parfois sacrifié par les auteurs qui se consacrent aux relations internationales (...) le droit régit de plus en plus la société internationale (...) le rapport du droit et de la puissance est plus que jamais une problématique essentielle du système international » *in* Maxime LEFEVRE, *Le jeu du droit et de la puissance (Précis de relations internationales)*, Paris, PUF, 2000, p. 1.

posées par la pratique contemporaine des sanctions et embargos et qui font l'objet de deux parties distinctes.

I/Dans la première, il est souligné que s'il est clair que les sanctions sont en réalité adoptées par les instances politiques plutôt que par des organes judiciaires, dans un monde où le droit devrait en principe régner et régir les rapports de la « communauté internationale », il conviendrait que ces instances politiques qui décident la mise en place de sanctions définissent et délimitent les objectifs de ces dernières d'une manière prudente et objective pour éviter les aléas de la subjectivité politique et que ces sanctions soient uniquement imposées dans le respect du droit international public, et ce, en préservant les droits fondamentaux auxquels il n'est nullement permis de déroger.

S'agissant des sanctions adoptées dans le cadre du chapitre VII de la Charte des Nations Unies par le Conseil de sécurité, il convient d'observer que les décisions de ce dernier demeurent soumises dans une certaine mesure aux limites découlant de la Charte elle-même et des principes généraux du droit international : en particulier le principe de proportionnalité, le principe de discrimination entre combattants et non combattants et le principe du réexamen des programmes de sanctions suivant une périodicité régulière.

S'agissant des sanctions unilatérales, certains font valoir que le droit des États (ou des organisations régionales) de prendre des contre-mesures cesse lorsque le Conseil de sécurité a pris des mesures dans le cadre des articles 41 et 42 de la Charte. Cette opinion doctrinale s'appuie notamment sur la primauté du Conseil de sécurité dans le système de sécurité collective. Les sanctions unilatérales, correspondant à des contre-mesures, doivent se conformer à certaines conditions, à la fois de fond (les principales étant les suivantes : (i) une contre-mesure doit être une mesure qui répond à une illicéité; (ii) c'est l'État lésé qui peut prendre des contre-mesures à l'encontre de l'État responsable) et procédurales. Si ces conditions ne sont pas remplies, l'illicéité du fait de l'État en cause ne peut pas être exclue. Le fait reste illicite, ce qui permettra à l'État visé de prendre à son tour des contre-mesures.

Concernant les sanctions « ciblées », depuis l'affaire *Kadi*, qui a vu des sanctions ciblées imposées par l'UE en vertu de la résolution 1267 du Conseil de sécurité, contestées avec succès devant la Cour de justice de l'UE, on a assisté à un "resserrement" des procédures d'établissement des listes (et de révision de celles-ci) : il n'est cependant pas certain que les réformes adoptées jusqu'ici soient considérées comme suffisantes par les juridictions européennes. La désobéissance à des sanctions illicites au titre de contre-mesures constitue la seule possibilité de contrôle du Conseil de sécurité par les Etats qui est admise par l'ordre juridique international décentralisé. Si cette possibilité représente un danger jugé important pour l'efficacité du système établi par la Charte des Nations Unies, il faudrait alors envisager d'introduire des reformes calibrées afin d'assurer la conformité de l'action du Conseil de sécurité avec le droit international.

II/Dans la seconde partie, géopolitique et juridique, il est précisé qu'en dépit de l'existence d'une organisation internationale, et en particulier du système de l'ONU, la pratique des sanctions reste en réalité du ressort discrétionnaire des États. En ce sens, chaque pays applique des sanctions unilatéralement. Selon des études récentes, l'effectivité des sanctions ne dépasse pas 31 % des cas d'application, toutes catégories de sanctions confondues. Les efforts visant à imposer ou modifier un comportement par la contrainte de sanctions sont les moins efficaces avec un taux de succès de 13 % seulement. Ceux visant à prévenir une cible de ne pas s'engager dans une activité interdite sont trois fois plus efficaces (42 %) comme ceux simplement destinés à stigmatiser la violation d'une norme internationale (43 %).

Les sanctions internationales sont une « arme de guerre » contre les pays qui ne sont pas dans la « ligne » et dont on veut changer le gouvernement. Le mécanisme même de sécurité collective est contrarié dans son essence par la multiplication d'actions unilatérales. La crise de légitimité du Conseil de sécurité est renforcée par l'application fréquente de la règle du « double standard ». En effet, le Conseil de sécurité prône souvent des solutions différentes pour des situations similaires, selon les intérêts particuliers des États membres permanents, et cela donne un arrière goût d'arbitraire aux décisions prises.

Si les sanctions sont un substitut à la guerre, il s'avère qu'elles sont désormais souvent un substitut à la politique. En ce sens, elles tendent à s'imposer comme une sorte d'« orthodoxie », alors même qu'elles compliquent considérablement la résolution des conflits internationaux. Les sanctions internationales, qui sont en réalité des sanctions occidentales déguisées, peuvent dans de nombreux cas être caractérisées comme l'un des multiples volets de l'ingérence, c'est-à-dire en définitive de l'agression d'une souveraineté étatique. Elles aboutissent le plus souvent à un effet inverse de celui recherché : non pas l'affirmation définitive de la toute puissance de ceux qui décident des sanctions, mais au contraire l'émergence de blocs alternatifs et contestataires qui ébranlent la communauté internationale, désormais de plus en plus fragmentée.

Ce qui apparait de façon flagrante tout au long des développements consacrés aux sanctions internationales, c'est que le Moyen-Orient occupe une place privilégiée, en particulier depuis la chute de l'URSS.

Des sanctions subies par l'Irak après la première guerre du Golfe (1991) à celles imposées à la Libye après Lockerbie (1993), en passant par celles touchant l'Iran après le vote de « loi » d'Amato-Kennedy (1996, le fameux « double endiguement »), ou aux controverses juridiques nées suite aux attentats du 11 septembre 2001, sans oublier à nouveau l'Iran depuis quelques années autour de la question nucléaire, ou enfin la Syrie depuis le déclenchement de la guerre civile en 2011, cette partie du monde mobilise plus que jamais une « communauté internationale » le plus souvent virtuelle, puisque ne représentant en réalité qu'une partie plus ou moins restreinte de la population mondiale, selon les circonstances.

Cette question des sanctions est également un enjeu de plus en plus stratégique des relations internationales, fait trop souvent oublié, dans un contexte où les grandes puissances sont désormais prudentes dans l'usage de la force, sinon hostiles, les fiascos des guerres d'Irak et d'Afghanistan ayant laissé un traumatisme profond, comme l'ont montré les postures d'Obama ces dernières années, « guerrier réticent » préférant lorsque c'est possible « diriger des lignes arrières »[3] ou utiliser des modes de représailles n'engageant pas la vie de ses hommes, à savoir les drones, les armes cybernétiques et... les sanctions !

Pierre Berthelot et Elie Hatem[4]

....

3- « Leading from behind »

4- Enseignants à la Faculté libre de Droit, d'Économie et de Gestion de Paris.

International Sanctions and the Nonproliferation of Weapons of Mass Destruction

DANIEL H. JOYNER[1]

Résumé

Cet article passe en revue les règles du droit international qui sont applicables aux sanctions économiques unilatérales et multilatérales contre la prolifération, et qui limitent ou interdisent leur demande légitime par les Etats. Plus précisément, les règles du droit international humanitaire et le droit des contre-mesures sont prises en considération. Le document conclut que, dans leur totalité, les règles de droit international limitant la légalité des mesures appliquées de façon unilatérale et les sanctions économiques coercitives, visant des objectifs de contre-prolifération, laissent ouverte une infime fenêtre de légalité.

Abstract

This paper reviews the rules of international law that are applicable to unilaterally and multilaterally applied counter-proliferation oriented economic sanctions, and that limits or prohibits their lawful application by states. Specifically, rules of international humanitarian law and the law of countermeasures are considered. The paper concludes that, in their totality, the rules of international law limiting the lawfulness of unilaterally applied, coercive economic sanctions, aimed at counter-proliferation objectives, leave a vanishingly small window of lawfulness for such actions

....

1- Professor of Law, University of Alabama, School of Law. Author of *Interpreting the nuclear non proliferation Treaty*, Oxford University Press, 2011 and *International law and the proliferation of weapons of mass destruction*, Oxford University Press, 2009.

I will be addressing the subject of international economic sanctions purposed in counter proliferation aims – i.e. purposed in stopping actual or suspected weapons of mass destruction (WMD) proliferation, including particularly the original development of WMDs within the target state. First, in terms of definitions, economic sanctions may be organized and applied under a multilateral framework by states acting in a cooperative manner, under the authority of the United Nations Security Council (UNSC). Alternatively, or sometimes in parallel, sanctions can be applied by states outside of UNSC mandate on a unilateral basis. Under this paradigm, states may still coordinate sanctions among themselves as against a common target. Nevertheless, for purposes of legal categorization, I will refer to all sanctions undertaken outside of UNSC mandate as unilateral sanctions.

Effectiveness

First, a word regarding the effectiveness of economic sanctions in accomplishing their stated policy ends. This is not to be confused with the effectiveness of sanctions in causing harm to the target state's overall economy, and suffering to the citizens of the target state, both of which are frequently caused by economic sanctions. However, in the leading academic study of the use of economic sanctions as a tool of foreign policy, the authors found that economic sanctions have historically achieved success in changing target state behavior in the manner desired by the sanctioning states, in only thirty-four percent of cases.[2] They further note that, in cases where high political interests, such as national security (e.g. WMD nonproliferation), are involved, the likelihood of sanctions significantly affecting target state behavior in the desired way is even further diminished. These findings are applicable to both multilateral and unilateral sanctions.

A further observed corollary problem in the area of counter proliferation oriented sanctions specifically is that, once adopted, such sanctions typically become entrenched in either or both national and international law, and are nearly impossible to rescind without the sanctioning authority losing face in a manner which is unacceptable to it. Thus, in the cases of UNSC authorized sanctions against Iran and North Korea, where longstanding counter proliferation sanctions have not had the desired policy effect – even though their collateral effects upon the economy and the civilian populace, particularly in the case of Iran, have been severe - the sanctions program adopted by the UNSC

2- Hufbauer, Schott, Elliott & Oegg, Economic Sanctions Reconsidered, pg. 162 (3rd ed. 2007).

now stands as a hindrance per se to a final resolution of the standoff between these countries and their Western detractors.

In the case of Iran, the UNSC has ordered Iran to cease uranium enrichment – a fundamental element of a peaceful nuclear fuel cycle program. The economic sanctions that the UNSC has placed upon Iran are tied directly to its compliance with this command, among others. We now know (and indeed, the UNSC should have known from the beginning) that any final resolution of the crisis regarding Iran's nuclear program will necessarily involve Iran keeping its uranium enrichment program. However - and here is the impediment - how can the UNSC ever rescind the sanctions it has applied, in the absence of Iranian compliance with its command regarding enrichment? It would be seen by some states on the Council as unacceptable for the UNSC to lose face in this way, notwithstanding the miscalculated and now failed nature of the Council's chosen program of action. However, without the lifting of these sanctions, there can be no final resolution to the crisis from Iran's perspective. Thus, observation of counter proliferation oriented sanctions cases indicates that, not only are sanctions typically unsuccessful in this context, but worse, they have the potential to become impediments *per se* to achieving desired policy aims.

Legality

Consistent with the *Lotus* principle of general permissiveness of state action in international law, I would like to frame this question as follows : what are the rules of international law that are applicable to unilaterally and multilaterally applied counter proliferation oriented sanctions, that limit or prohibit their legal application by states? Here I believe that there is a significant difference in analysis as between sanctions applied multilaterally under the mandate of the UNSC, on the one hand, and unilaterally applied sanctions on the other.

The UNSC enjoys special powers outlined in Chapter VII of the U.N. Charter, under which it can authorize action by UN member states that would otherwise be a violation of Article 2(4)'s general prohibition on threats and uses of force. Sanctions, including counter proliferation oriented sanctions, would appear to fall neatly within the Article 41 authority of the UNSC to authorize, among other things, "complete or partial interruption of economic relations." However, this special grant of authority to the UNSC does not remove UNSC decisions from all limitations imposed by the UN Charter and by general principles of international law. There are in fact a number of rules of international law limiting the lawfulness of sanctions applied multilaterally under the mandate of the UNSC.

In a comprehensive review of this very question, in an article published in the *European Journal of International Law* in 1998, Professor Michael Reisman identifies a number of such limiting rules of international law.[3] The first are the related principles of necessity and proportionality. As Reisman writes:

"The principle of proportionality under international law caps the quanta of damage that the necessity inquiry suggests. Therefore, even if necessary, a sanctions programme cannot exceed the somewhat broadly construed bounds of proportionality. Collateral damage, as part of general damage, must also be proportional. The referential point of evaluation for proportionality under the law of armed conflict is the immediate or prospective consequences of the act that triggered the contingency. This inquiry into proportionality must also necessarily be prospective."

The second principle is that the sanctions must reasonably maximize discrimination between combatants and non-combatants. As Reisman writes:

"Economic sanctions are destructive. Potentially, they could be even more destructive, at least in terms of collateral damage, than uses of the military instrument This is especially so if one takes into account the military instrument's effectiveness at the early communication stage. To allow unilateral or multilateral actors to use economic sanctions in a manner inconsistent with the minimization of collateral harm would undermine the fundamental goals of international law that are expressed in the prescribed law of armed conflict... More limited and precise economic sanctions are to be preferred over more general and undiscriminating programmes. Given the destructiveness of economic sanctions programmes, it would seem that genuinely effective general embargoes, which, by definition, cannot discriminate between combatant and non-combatant, should be impermissible and that there is now a need for a much more refined use of the economic sanction."

The third principle is that there must be a periodicity of review of sanctions programs. As Reisman writes:

"Economic sanctions programmes must continuously update their information as the programme proceeds to ensure that they are consistent, in their effects, with international law. The necessity for the use of explicit contextuality here is very important to ensure compliance no less than to test allegations of abuse."

....

3- W. Michael Reisman & Douglas L. Stevick, *The Applicability of International Law Standards to United Nations Economic Sanctions Programs*, European Journal of International law 9 (1998), 86-141.

It will be noted that, underlying these identified limiting principles, is Reisman's conclusion that severe, coercive economic sanctions should be understood to be subject to the restrictions of both the *jus ad bellum* and the *jus in bello*. This is because of their potential destructive effect upon the economy and the civilian populace of the target state. Now, I recognize that, in order to be subject to the restrictions of international humanitarian law, an armed conflict, as defined in that body of law, must exist. This is a point on which Reisman does not spend adequate time in analysis in my view, and on which more work is required to provide a satisfactory paradigm for understanding when severe, coercive economic sanctions are sufficient for creating a legal state of armed conflict.

However in principle, I agree entirely with Professor Reisman's conclusion, and I think that it represents a fundamental realization. While traditionally there has been some reluctance to view economic sanctions as being captured within the prohibitive scope of Article 2(4) of the U.N. Charter, and within the scope of uses of coercive force regulated by the law of armed conflict, in my view this reluctance is unwarranted. Severe economic sanctions can have an impact upon the economy, infrastructure, and the lives of the civilian populace of a state, tantamount to a serious use of military force against that state, triggering the application of both the *jus ad bellum* and the *jus in bello*. In my view there is no persuasive reason, either textually or in principle, to exclude severe economic sanctions from the restrictions of both the *jus ad bellum* and the *jus in bello*. Thus, in Professor Reisman's analysis, even though UNSC authorized sanctions benefit from an exception to Article 2(4) of the Charter, they are still limited by the core rules of international humanitarian law.

For unilateral sanctions, unlike in the context of UNSC authorized sanctions, there is no enjoyment of an automatic exception from Article 2(4). Unilateral sanctions therefore *prima facie* fall under Article 2(4)'s prohibitive scope. Furthermore, there is an evolving – and many would say fully evolved – rule of customary international law that is reflected in the statements of the UN General Assembly, *inter alia* in the 1970 Declaration of Principles of International Law Concerning Friendly Relations, the 1974 Charter of Economic Rights and Duties of States, Resolution 44/215 (1989), and Resolution 66/186 (2011). This principle is a specific prohibition on unilaterally adopted economic sanctions, whose purpose is to coerce particularly developing states into making decisions or taking actions contrary to their independent sovereign will.

In light of these quite seriously restrictive rules in general international law, in order to be lawful, unilateral counter proliferation oriented sanctions must either be justified by Article 51, or, possibly, by the general law of countermeasures.[4] And even if they are so justified, if one accepts Professor Reisman's analysis, they must still additionally comply with the general principles flowing from international humanitarian law that he identifies.

Regarding countermeasures, Pierre-Emanuel Dupont has published an excellent paper in the *Journal of Conflict and Security Law* on the application of the law of countermeasures to the sanctions currently unilaterally applied by the US and the EU upon Iran for counter proliferation purposes.[5] His analysis correctly observes that there are substantial hurdles in the law of state responsibility related to the application of lawful countermeasures, and indeed finds in his paper, again correctly, that these unilateral sanctions by the US and the EU likely do not meet these standards, and are therefore likely unlawful. These standards, both procedural and substantive, include the requirement of establishing the sanctioning state as an injured party, injured by an illegal action of the target state. They also include the requirement of proportionality, and the requirement not to exist in the same space as prioritized UNSC sanctions. These high procedural and substantive bars will be applied to all unilateral applications of counter proliferation oriented economic sanctions.

In their totality, then, the rules of international law limiting the lawfulness of unilaterally applied, coercive economic sanctions, aimed at counter proliferation objectives, leave a vanishingly small window of lawfulness for such actions. Indeed, it is almost certain that no application of unilateral counter proliferation sanctions to date has met all of these legal requirements. It is further unlikely that any will do so in the future.

4- I say possibly here because this will depend upon how seriously and literally one accepts the idea of severe economic sanctions essentially creating an armed conflict, making them subject to the restrictions of international humanitarian law. You can't really have it both ways – i.e. it's either an armed conflict, during which international humanitarian law applies, or it's not an armed conflict, during which the general law of state responsibility, including the law of countermeasures, applies. Again, further work, not done by Professor Reisman, is necessary to make this analysis clear.

5- *Countermeasures & Collective Security: The Case of the EU Sanctions Against Iran*, Journal of Conflict & Security Law (2012), Vol. 17 No. 3, 301–336.

The Impact of the EU's Unilateral Economic Sanctions on the UN Collective Security Framework

ALEXANDER ORAKHELASHVILI[1*]

Résumé

Les sanctions économiques portées par l'Union européenne contre l'Iran et la Syrie ont été à la fois très larges, et ont eu impact très lourd sur la vie des gens ordinaires. La majeure partie des sanctions de l'UE ont été adoptées sans l'autorisation et le soutien du Conseil de sécurité des Nations Unies. Cette contribution décrit les régimes de sanctions mis en place par l'UE, et analyse ensuite sur quelle base ils ont été adoptés. La loi applicable aux sanctions soulève des questions constitutionnelles quand à la relation entre l'ONU et l'UE, et les droits et obligations des États en vertu des instruments constitutifs de ces deux organisations. Puis, la légalité des mesures prises par l'UE en vertu du droit international général est examinée, avant d'évaluer le bien-fondé des sanctions à la lumière de considérations politiques et institutionnelles plus larges.

Abstract

The European Union's economic sanctions against Iran and Syria have been both wide-ranging in scope, and far-reaching in impacting the lives of ordinary people. The bulk of the EU's sanctions have been adopted without the authority and support of the UN Security Council. This contribution describes sanctions regimes introduced by the EU, and then moves to analyse the basis on which they have been adopted. The law applicable to sanctions raises some constitutional issues of the relationship between the UN and EU, and the rights and obligations of States under constituent instruments of both organisations. As a next step, the legality of the EU's measures under general international law is examined, and then assesses the propriety of sanctions in the light of broader policy and institutional considerations.

....

1- LLM Leiden; PhD Cantab.; Lecturer, School of Law, University of Birmingham

The Type and Scope of UN and EU Sanctions against Iran and Syria

The present paper focuses on the legal and constitutional issues surrounding the adoption of EU sanctions against Iran and Syria. Both the UN and EU have adopted far-reaching sanctions programmes in relation to Iran, citing as a reason Iran's nuclear enrichment efforts. In relation to Syria, where civil war between President Assad's government and rebels has erupted in 2011, the UN Security Council has not adopted any resolution imposing sanctions on Syria, while the Council of the European Union has decided to impose its own sanctions on that State.

Under the United Nations Charter, a necessary precondition for imposing sanctions on any State is that the Security Council identifies the existence of a "threat to the peace" in the underlying conduct or situation as required by Article 39 of Chapter VII, and then proceeds to impose economic or other measures under Article 41 to restore international peace and security.

Chapter VII has already been used several times in relation to Iran. As is known, the Iranian nuclear enrichment issue was taken up by the UN Security Council, resulting in the imposition on Iran of Chapter VII sanctions under resolutions 1737(2006), 1747(2007), 1803(2008) and 1929(2010), that included targeted sanctions against individuals allegedly involved in the nuclear enrichment programme, and arms embargo. By resolution 1737(2006), the Council, invoking Article 41, decided that all States had to prevent the supply, sale or transfer to Iran "of all items, materials, equipment, goods and technology which could contribute to Iran's enrichment-related, reprocessing or heavy water-related activities, or to the development of nuclear weapon delivery systems" (paragraph 3).

Resolution 1803(2008) introduced targeted sanctions obliging all States to prevent the entry into or transit through their territories of individuals directly associated with or providing support for Iran's proliferation sensitive nuclear activities or for the development of nuclear weapon delivery systems (paragraph 5). Resolution 1929 (2010) prescribes that all States had to prevent the sale or transfer to Iran of "battle tanks, armoured combat vehicles, large calibre artillery systems, combat aircraft, attack helicopters, warships, missiles or missile systems."

It should be noted that the process of adoption of these resolutions has not been uncontroversial. South Africa, in particular, denoted in the wake of adoption of resolution 1803 as unfortunate that the Council acted in such great haste to decide on a series of further punitive sanctions without considering the significant progress made through the IAEA to provide the factual information on the implementation of

NPT safeguards in Iran.[1] At the stage of adoption 1929, questions arose whether the scope and extent of sanctions genuinely and generically served the purpose of stopping or delaying the success of the Iranian nuclear programme. For instance, it is rather odd to address the problem of proliferation of weapons of mass destruction by measures aimed at conventional arms supplies. The process of adoption of resolution 1929 indeed witnessed some doubts as to necessity and proportionality of sanctions it contains. Brazil voted against sanctions because they would not be an effective instrument and only undermine prospects of resolving the nuclear enrichment problem through dialogue. It was "unnatural to rush to sanctions before the parties concerned can sit and talk about the implementation of the declaration." Sanctions would "delay rather than accelerate or ensure progress in addressing the question."[2]

The EU Council's Common Position adopted in 2007 took the posture of following the sanctions policy embodied in resolution 1737(2007) of the UN Security Council and initiating EU coercive measures to give effect to that resolution.[3] The Council Regulation No 428/2009 determined that "Dual-use items (including software and technology) should be subject to effective control when they are exported from the European Community." Article 2 defined dual-use products as "items, including software and technology, which can be used for both civil and military purposes, and shall include all goods which can be used for both non-explosive uses and assisting in any way in the manufacture of nuclear weapons or other nuclear explosive devices."[4]

By decision adopted on 26 July 2010, the EU Council by and large attempted to follow the position taken by the UN Security Council, but has also introduced sanctions against Iran that went beyond those adopted within the UN system and began encompassing trade between EU States and Iran.[5] Article 17 of the Decision adopted on 26 July 2010 included a rather drastic requirement that

> "Member States, in accordance with their national legal authorities and legislation and consistent with international law, in particular relevant international civil aviation agreements, shall take the necessary measures to prevent access to the airports under their jurisdiction of all

....

1- S/PV.5858, 7 (South Africa), 11 (Indonesia)
2- S/PV.6335, 2-3 (Brazil); see, *id.*, Turkey's position.
3- COUNCIL COMMON POSITION 2007/140/CFSP of 27 February 2007 concerning restrictive measures against Iran
4- COUNCIL REGULATION (EC) No 428/2009 of 5 May 2009 setting up a Community regime for the control of exports, transfer, brokering and transit of dual-use items
5- COUNCIL DECISION 2010/413/CFSP of 26 July 2010 concerning restrictive measures against Iran and repealing Common Position 2007/140/CFSP

cargo flights operated by Iranian carriers or originating from Iran with the exception of mixed passenger and cargo flights."

By its decision adopted on 23 January 2010, the EU Council

> "Recall[ed] the potential connection between Iran's revenues derived from its energy sector and the funding of Iran's proliferation-sensitive nuclear activities and that chemical process equipment and materials required for the petrochemical industry have much in common with those required for certain sensitive nuclear fuel cycle activities, as underlined in UNSCR 1929 (2010), the sale, supply or transfer to Iran of further key equipment and technology which could be used in key sectors in the oil and natural gas industry or, in the petrochemical industry, should be prohibited. Moreover, Member States should prohibit any new investment in the petrochemical sector in Iran."[1]

Under Article 1 of the same Decision,

> "Member States shall not enter into any new short-, medium- or long-term commitments to provide financial support for trade with Iran, including the granting of export credits, guarantees or insurance, to their nationals or entities involved in such trade, nor shall Member States guarantee or reinsure such commitments."

This provision has amended a less stringent requirement under Article 8 of the EU Council Decision of 26 July 2010 that had earlier prohibited

> "new short term commitments for public and private provided financial support for trade with Iran, including the granting of export credits, guarantees or insurance, to their nationals or entities involved in such trade, with a view to reducing their outstanding amounts, in particular to avoid any financial support contributing to proliferation-sensitive nuclear activities, or to the development of nuclear weapon delivery systems. In addition, Member States shall not enter into new medium and long-term commitments for public and private provided financial support for trade with Iran."

It is thus obvious that trade restrictions against Iran got more divorced from the original aim of stalling the nuclear enrichment effort and re-focused on the overall trade and economic relations between Iran and the EU.

Furthering such expansive spirit, the European Union has decreed that further, and qualitatively different, economic and financial sanctions should be applied against Iran, including the ban on financial transactions with the Central Bank, ship-building, maritime transport

....

1- COUNCIL DECISION 2012/35/CFSP of 23 January 2012 amending Decision 2010/413/CFSP concerning restrictive measures against Iran cooperation and trade in gas.[1] It was openly admitted in the preambular paragraph 5 of 2012/635 that "In view of Iran's failure to engage seriously in negotiations in order to address international concerns about its nuclear programme, the Council considers it necessary to adopt additional restrictive measures against Iran." Therefore

> "it is appropriate to review the prohibition on the sale, supply or transfer to Iran of additional dual-use goods and technology listed in Annex I to Council Regulation (EC) No 428/2009 of 5 May 2009 setting up a Community regime for the control of exports, transfer, brokering and transit of dual-use items, with a view to including items which might be relevant to industries controlled directly or indirectly by the Iranian Revolutionary Guard Corps or which might be relevant to Iran's nuclear, military and ballistic missile programme. ... Moreover, the purchase, import or transport of natural gas from Iran should be prohibited."

The sanctions would also cover "the sale, supply or transfer to Iran of graphite, and raw or semi-finished metals such as aluminium and steel"; and "The sale, supply or transfer to Iran of key naval equipment and technology for ship-building, maintenance or refit, should be prohibited."[2] If contrasted to the scope of underlying UN Security Council resolutions discussed above, it will become obvious that all these trade and economic sanctions are products of the EU's own initiative, not a follow-up to implement the Security Council's decisions.

The European Union's sanctions against Syria began with the adoption of the Decision 2011/273/CFSP provides for an arms embargo, a ban on internal repression equipment, and restrictions on the admission to the Union, and the freezing of funds and economic resources, of certain persons and entities responsible for the violent repression against the civilian population in Syria.[3] In a later decision

> "The Union strongly condemned the violent repression, including through the use of live ammunition, of peaceful protest in various locations across Syria resulting in the death of several demonstrators, wounded persons and arbitrary detentions, and called on the Syrian security forces to exercise restraint instead of repression."[4]

....

1- Council Decision 2012/635/CFSP of 15 October 2012 amending Decision 2010/413/CFSP concerning restrictive measures against Iran; Council Regulation (EU) No 267/2012 of 23 March 2012 concerning restrictive measures against Iran and repealing Regulation (EU) No 961/2010
2- Council Decision 2012/635/CFSP of 15 October 2012
3- COUNCIL DECISION 2011/273/CFSP of 9 May 2011 concerning restrictive measures against Syria
4- COUNCIL REGULATION (EU) No 442/2011 of 9 May 2011 concerning restrictive measures in view of the situation in Syria

Under Article 1 of this decision,

> "The sale, supply, transfer or export of arms and related materiel of all types, including weapons and ammunition, military vehicles and equipment, paramilitary equipment and spare parts for the aforementioned, as well as equipment which might be used for internal repression, to Syria by nationals of Member States or from the territories of Member States or using their flag vessels or aircraft, shall be prohibited, whether originating or not in their territories."

Similar to the developments in relation to Iran, the subsequent decision 36/2012 of the EU Council expanded sanctions further.[1] Article 3 of this decision specifies that

> "It shall be prohibited:
>
> (a) to import crude oil or petroleum products into the Union if they:
>
> (i) originate in Syria; or
>
> (ii) have been exported from Syria;
>
> (b) to purchase crude oil or petroleum products which are located in or which originated in Syria;
>
> (c) to transport crude oil or petroleum products if they originate in Syria, or are being exported from Syria to any other country."

It can easily be seen from these instruments that the European Union's policy is premised on some underlying, or projected, authority to impose sanctions without a UN Security Council resolution and to independently judge what kind of measures are justified in the relevant situations.

It was recognised already a while ago that comprehensive economic sanctions in case of Iraq, Yugoslavia or Haiti did not bring the desired political or economic effect. Humanitarian disaster inflicted on Iraq in the 1990s has been recognised both by the UN and by the scientific community. Population was left without means of subsistence and nutrition, and just as in Haiti, black market flourished. Sanctions were effectively collective punishment of the Iraqi people. Despite being aimed at inducing populations of Iraq and Yugoslavia to put pressure on their governments, sanctions profoundly failed to bring about that effect.[2] The humanitarian exceptions that were meant to spare civilian

....

1- COUNCIL REGULATION (EU) No 36/2012 of 18 January 2012 concerning restrictive measures in view of the situation in Syria and repealing Regulation (EU) No 442/2011

2- M Bennouna, *Les sanctions économiques des Nations Unies*, 300 *RdC* (2002), 40-42. It is also pointed out that "the "theory" behind economic sanctions is that economic pressure on civilians will translate into pressure on the Government for change. This "theory" is bankrupt both legally and practically, as more and more evidence testifies to the inefficacy of comprehensive economic sanctions as population of the worst effects of sanctions, did not alleviate the suffering of population either, instead becoming the object of political negotiation and bargain within the sanctions committees, or in broader contexts such as the relations between UN and Iraq in relation to arms control.[1]

The increasing acknowledgment of the futility of comprehensive economic sanctions has led to the growing recognition that the better way of handling crises and conflicts could consist in adopting targeted sanctions that are aimed at relevant government officials, military commanders and other related persons, including members and affiliates of terrorist organisations, rather than at States and their population as such. By and large, the initial UN sanctions against Iran under the above-discussed Security Council resolutions had such targeted character. What we have seen at the example of EU measures against Iran and Syria is the return to the practice of comprehensive economic sanctions the way that this time it is not the UN imposing these measures but the EU independently of the UN.

The Allocation of Institutional Authority to Adopt Sanctions

On a doctrinal and political plane, there is some temptation to see international institutions such as the UN or EU as a modern version of great power concerts that used to operate in the period between 16th and 20th centuries, effectively as a directorate that determined the course of development of international relations. Such temptation is even more understandable, given that both the UN Security Council and the Council of the EU include within their ranks a number of powerful great powers of the current international system.

Nevertheless, modern international institutions are qualitatively different from the older great power concerts; they are, quite simply, organs with delegated powers, and possess no authority but one delegated to them by States-parties to their constituent instruments. Much as these institutions enjoy wide margin of discretion in their activities, they are

a coercive tool," M. Bossuyt, The adverse consequences of economic sanctions on the enjoyment of human rights. Working paper, E/CN.4/Sub.2/2000/33, 9; the House of Lords Report similarly suggests that "When economic sanctions are relatively weak in their economic effects, they can have the overall net effect of strengthening the target regime by legitimizing it, by strengthening its control over resources, or both. Where the economic effects of sanctions are more severe, they can have the effect of weakening the target regime's overall capabilities to act, especially in foreign policy, but the regime can still turn aspects of sanctions to its advantage and increase its internal control," HL Select Committee on Economic Affairs, *The Impact of Economic Sanctions*, 2nd Report of Session 2006-2007, HL Paper 96-I, para. 130

1- See generally A Orakhelashvili, *Collective Security* (OUP 2011), Ch. 5

still subjected to international legal limitations. Sir Robert Jennings, a judge and at times president of the International Court of Justice, has clearly adopted such view in the *Lockerbie* case (Libya v US & UK) by stating that

> "all discretionary powers of lawful decision-making are necessarily derived from the law, and are therefore governed and qualified by the law. This must be so if only because the sole authority of such decisions flows itself from the law. It is not logically possible to claim to represent the power and authority of the law, and at the same time, claim to be above the law."[1]

Therefore, what matters is the legal framework of delegated powers and how institutions exercise their delegated authority.

Much as there is widespread perception that the Security Council's Chapter VII measures are by and large discretionary, the true essence of this discretion is not always properly focused upon. As discretion forms an integral part of the overall Charter framework designed to confront threats to international peace and security, any particular use of Chapter VII, especially of Article 39, must transparently and intelligibly - that is expressly, to say the least - demonstrate which facts, situations and circumstances on the ground involve a "threat" under Article 39. The analysis of the relevant Security Council resolutions compellingly evidences that this principal statutory requirement has not been met.

The Security Council's own treatment of the Iranian nuclear issue is, as a whole, marked by a rather nebulous treatment of the issue of whether that situation involved a threat to the peace warranting application of Chapter VII measures. Article 39 of the UN Charter required from the Security Council to clearly formulate which conduct, fact or situation amounted to a "threat to the peace" in that context. Resolution 1696(2006) speaks of proliferation risks. The Council goes very near to the ambit of Article 39 but does not cross its boundaries by specifying that these risks constitute a threat. The Council is thus conscious that this is not a valid case of the use Article 39.

Resolution 1737 (2006), imposing sanctions on Iran to address its non-compliance with the international demands to freeze its uranium enrichment programme, refers, in its preambular paragraphs, to the concerns expressed by the IAEA regarding the Iran's nuclear programmes. The Council's entire reasoning is based on the concern not that Iran has actually been doing something problematic, but that it did failed to prove the opposite to the Council's satisfaction. The problems identified were that certain Iranian nuclear programmes "*could* have a military nuclear dimension" and that "Iran has not established full and

....

1- *ICJ Reports*, 1998, 110

sustained suspension" of its presumed activities. That said, the Resolution 1737 does not specify what the Iranian conduct that constitutes the "threat to the peace" which, it may be said, is not an impeccable exercise from the viewpoint of legal certainty. The subsequent resolution 1803(2008) does not identify a threat to the peace either. It notes with concern that "Iran has not established full and sustained suspension of all enrichment related and reprocessing activities and heavy water-related projects as set out in resolution 1696(2006), 1737(2006), and 1747(2007)", is consequently concerned "by the proliferation risks presented by the Iranian nuclear programme," and moves right to Article 41 to impose further sanctions. Unfortunately, this resolution has not taken the matter beyond the area of speculation and allegations either. The most recent Security Council resolution 1929(2010) likewise restates presumptive statements from previous resolutions and relies on the lack of Iran's "cooperation with the IAEA under the Additional Protocol," and the presumptive need "to exclude the possibility of military dimensions of Iran's nuclear programme."

The lack of a proper cause of action in the Iranian issue has also been demonstrated in discussions preceding the adoption of resolution 1929, especially in terms of this resolution having been rushed despite the joint declaration having been adopted by Brazil, Turkey and Iran in Tehran on 17 May 2010. The Brazilian representative, while voting against resolution 1929, quoted as one of the reasons the fact that "the joint declaration has neither received the political recognition it deserves nor been given the time it needs to bear fruit." The adoption of a Chapter VII resolution at that point ran counter to the successful efforts of Brazil and Turkey to engage Iran in a negotiated solution. Lack of transparency in threat identification was manifested by the fact that "the permanent members, together with a country that is not a member of the Security Council, negotiated among themselves for months behind closed doors."[1] The Turkish Representative stated that "The Tehran declaration has created a new reality with respect to Iran's nuclear programme" and a new opportunity for finding an agreed solution, only to be undermined by a new Chapter VII resolution.[2] The members of the Council sponsoring and voting resolution 1929 have not properly explained why its adoption was necessary despite the problem of nuclear enrichment proceeding to a resolution through agreed means, which reinforces the conclusion, manifested through the lack of a proper Article 39 determination in all resolutions regarding Iran, that these resolutions are adopted as part of

1- S/PV.6335, 2-3 (Brazil)
2- S/PV.6335, 3 (Turkey)

a parochial political agenda as opposed to being part of a proper effort under Chapter VII to confront genuinely existing threats.

The IAEA referral resolution did not refer in factual terms to a threat In Iran's conduct. It was not IAEA's task to ascertain the existence of a "threat to the peace" and its referral of the matter to the Council cannot constitute evidence that it drew its judgment along those lines still less absolve the Council from the duty to properly ascertain the existence of a threat before it activates Chapter VII. The IAEA decision without an identified legal basis and the Security Council's decision incorporating the IAEA decision without asking necessary questions as to that legal basis do not add up to form the legal basis required under the Charter. If a threat under Article 39 is a breach of a treaty, such as the 1968 Non-Proliferation Treaty or the Iran-IAEA Safeguards Agreement, then its existence has to be proved through specific evidence, just like that of any other internationally wrongful act. A further problem aggravating the legal deficiency of the use of Chapter VII is that, in the absence of a clear and transparent identification of a "threat to the peace", it is impossible to ascertain what measures would be aimed at restoring international peace and security and would, moreover, be necessary and proportionate to that end, as is the requirement for every instance of the use of Article 41 of the Charter.

The Impact of Chapter VIII of the UN Charter

Article 53 of Chapter VIII the UN Charter provides that the Security Council can utilize "regional arrangements or agencies for enforcement action under its authority. But no enforcement action shall be taken under regional arrangements or by regional agencies without the authorization of the Security Council." Therefore, under the Charter of the UN, the European Union can be utilised for giving further effect to coercive measures that the UN Security Council has already adopted under Chapter VII, but it is not allowed to resort, on its own initiative, to coercive measures are qualitatively different.

In practice, not every regional organisation has observed this requirement. The most striking examples are the US-led quarantine against Cuba in the early 1960s and the 1999 NATO attack against the Federal Republic of Yugoslavia, both campaigns having been undertaken without the approval of the UN Security Council. The legality of both these measures has been contested and widely disapproved. Moreover, these two instances related to the armed action, not to economic sanctions and therefore are not crucially important for our analysis.

As for the economic measures, the 1960 OAS Resolution, reacting to the acts of the Dominican Republic against Venezuela, decided on breaking of diplomatic relations of all member States with the Dominican Republic, and partial interruption of economic relations with it, including the immediate suspension of the trade in arms.[1] The 1962 Punta del Este Resolution decided to "To suspend immediately trade with Cuba in arms and implements of war of every kind."[2] As emphasised, the Punta del Este decision imposed the arms embargo on Cuba by essentially circumventing Article 53 of the Charter.[3]

The 1964 Washington Ninth Meeting of Consultation of Ministers of Foreign Affairs, Serving as Organ of Consultation, decided, in response to Cuban actions against Venezuela,

> "To apply, in accordance with the provisions of Articles 6 and 8 of the Inter-American Treaty of Reciprocal Assistance, the following measures:
>
> a. That the governments of the American States not maintain diplomatic or consular relations with the Government of Cuba;
>
> b. That the governments of the American states suspend all their trade, whether direct or indirect, with Cuba, except in foodstuffs, medicines, and medical equipment that may be sent to Cuba for humanitarian reasons; and
>
> c. That the governments of the American states suspend all sea transportation between their countries and Cuba except for such transportation as may be necessary for reasons of a humanitarian nature."[4]

It was argued by States supporting the legality of OAS Punta del Este measures that they did not constitute enforcement measures under Article 53, because they were steps any State could legally take, individually or collectively, without authorisation from anyone.[5] Argentina submitted that giving regional agencies an efficient role would require them being prohibited to undertake, without an Article 53 authorisation, only forcible measures, but not those "like the breaking of diplomatic relations, which was within the exclusive right of a sovereign State."[6] The UK Representative pointed out that the OAS acts against the Dominican Republic were "acts of policy perfectly within

....

1- Resolution I, *Sixth Meeting of Consultation of Ministers of Foreign Affairs*, Final Act, San Jose, August 16-21, 1960, operative paragraph 1
2- Resolution VIII, *Eighth Meeting of Consultation of Ministers of Foreign Affairs*, Final Act, Punta del Este, January 22 to 31, 1962, operative paragraph 1
3- JW Halderman, Regional Enforcement Measures and the United Nations, 52 *Georgetown Law Journal* (1963), 89 at 117
4- Resolution I, *Ninth Meeting of Consultation of Ministers of Foreign Affairs*, Final Act, Washington DC, July 22-26, 1966, operative paragraph 3
5- *Repertory of Practice of United Nations Organs*, 1955-1966, 295
6- *Repertory of Practice of United Nations Organs*, 1955-1966, 291

the competence of any sovereign State and, therefore, were within the competence of the OAS members acting collectively," and that Article 53 outlawed a forcible action only.[1] These statements relate only to a relatively minor part of OAS sanctions, and thus effectively disclaim an entitlement to undertake regional enforcement beyond the limits they specify. A coherent basis for the legality of non-forcible economic collective measures not authorised by the UN Security Council has not been articulated in those discussions.

In relation to the EU's practice specifically, the early views manifest the perception that the EU sanctions against third States are supposed to support the pre-existing sanctions adopted by the UN Security Council. The principle of complementarity implies that regional organisations such as the EU act as part of Chapter VIII framework, not exercise a free-standing sanctions competence which they do not have as a matter of law in force.

An early discussion of this issue in relation to Rhodesia has been premised on the complementary role of the EC to the UN sanctions. Pursuant to the 1992 Maastricht Treaty, the Council would adopt a common position or joint action specifying the objective of the measures to be undertaken.[2] In relation to sanctions against Rhodesia "the Community considered that it had neither the competence nor indeed any responsibility for implementing Security Council decisions." The EC could not act on the basis of Article 113 of its Treaty because, although UN sanctions applied to the commercial field, the Security Council's measures were taken for the purpose of maintaining peace and security and therefore did not fall within the scope of that provision. However in response to the Falkland crisis the EEC Council regulation adopted economic measures without the Security Council's authorisation and cited Article 113 as its legal basis. The same has been the case in relation to sanctions imposed against Iraq, Libya, FRY and Haiti.[3]

Such complementarity arrangement continued over the 1990s. The EC contribution to enforcing Security Council sanctions has been limited due to the limits on the EC competence in the field of capital movement and cooperation in fields such as science, technology, culture and sport, as well as diplomatic relations. To illustrate, EC measures pursuant to Haiti sanctions reflected the oil embargo under resolution 841(1993), but not financial sanctions.[4] An EC regulation on FRY

....

1- *Repertory of Practice of the UN Security Council*, 1959-1963, 318
2- I Anthony, Sanctions Applied by the European Union and the United Nations, SIPRI 2001, 203 at 210
3- H Fox & C Wickremasinghe, UN Implementation of UN Economic Sanctions, 42 *ICLQ* (1993), 945 at 952
4- Fox & Wickremasinghe (1993), 953

sanctions specifies in the preamble that while the Security Council has imposed mandatory sanctions on FRY, "the Community's economic relations with the Republics of Serbia and Montenegro must be halted."[1] This manifests not only the complementarity approach but also the EC's acceptance of its relevant activities being undertaken as part of the UN framework and subordinated to it. No inclination for an independent EC action is manifested.

The preamble of a subsequent Council regulation explains the legal basis of the EC action, which is the adoption of further Security Council resolutions and request from the President of Bosnia. The Community had to strengthen the embargo against the FRY "to ensure a uniform implementation throughout the Community of certain of these measures." The regulation bans import and export, commercial traffic and non-financial services (paragraph 1).[2] Paragraphs 8 and 9 of this regulation relate to the impoundment of vessels. Article 113 was named as the regulation's legal basis, and it becomes arguable that the Community might have derived its implied power to act accordingly to respond to the need of effectively participating in the UN sanctions under Chapter VII on the basis of complementarity.

True, from the late 1990s onwards the EU showed some tendency to act in the absence of the overarching Security Council resolution, such as in the cases of Kosovo, Burma and Zimbabwe where the Security Council did not choose to adopt the relevant Chapter VII measures.[3] But in all those cases the EU action was merely targeting governments and covering the prohibition on the delivery of internal repression equipment for armed and police forces, as opposed to encompassing broader economic relations and essentially targeting the populations of those States.

What is at Stake with the EU Sanctions?

As is obvious, a number of EU measures against Iran and Syria do not replicate the pre-existing UN Security Council's decisions, but constitute the instances of the exercise of EU's independent judgment

....

1- Council Regulation (EEC) No 1432/92 of 1 June 1992 prohibiting trade between the European Economic Community and the Republics of Serbia and Montenegro

2- Council Regulation (EEC) No 990/93 of 26 April 1993 concerning trade between the European Economic Community and the Federal Republic of Yugoslavia (Serbia and Montenegro)

3- Common Position of 19 March 1998, 98/240/CFSP; Council Regulation (EC) No 1081/2000 of 22 May 2000 prohibiting the sale, supply and export to Burma/Myanmar of equipment which might be used for internal repression or terrorism, and freezing the funds of certain persons related to important governmental functions in that country; *Common Position* of 18 February 2002 concerning restrictive measures against Zimbabwe, *2002/145/CFSP.*

as to what responses are adequate or necessary to civil war in Syria or the nuclear enrichment programme in Iran. This issue is also important because the damage that sanctions cause to target States and their populations, directly or incidentally, may be quite far-reaching and can only be justified to the extent the legal framework of collective security allows for this.

To take UN sanctions against Libya in 1990s as an example, measures primarily consisting of the air embargo have caused the nearly crippling damage to the country's agricultural sector and to its medical sector. Resolutions 748(1992) and 883(1993) imposing air embargo on Libya have never properly articulated the justification for these measures, either in terms of their proportionality to the Libyan refusal to extradite two persons suspected of involvement in the Lockerbie terrorist attack, or of their adequacy to deal with a general threat of terrorism of which Libya's position allegedly formed part.

The impact of sanctions against Libya was to inflict serious damage on the agriculture and animal husbandry sector. Farmers and agricultural cooperatives have been unable to export their surplus production, which would usually be shipped by air. Financial losses amounted to $710,777,777. It was not possible to import fruit seedlings for planting out in conditions allowing for them to be protected against plant diseases. The country's plans and programmes for development of the animal health sector through the establishment of veterinary units and clinics in various areas had also been crippled, since the supplies could no longer be shipped in by air freight.[1] The Libyan Government further explained to the Security Council that seven years long sanctions programme seriously disrupted the operation in Libya of the global child immunization programme run by the WHO by making it difficult to obtain vaccines; reduced the effect of vaccines due to their spoilage as they were transported overland instead of by air; impeded the medical procurement programme; and prevented ambulance aircraft to be repaired and made serviceable.[2] The UN Fact-Finding Mission on sanctions against Libya further specified that

> "Although the air embargo did not apply to domestic air travel, the restrictions on the purchase of aircraft, spare parts, navigational and landing equipment and on training and certification of pilots and other crew had reduced the number of airworthy aircraft and curtailed domestic air travel. That had placed restrictions on the ability of Libyans to respond

....

1- *Sixth comprehensive report on damage caused by the implementation of Security Council resolutions 748 (1992) and 883 (1993) during the period from 15 April 1992 to 31 December 1995*, S/1996/717, 4 September 1996, 5, 7-8

2- *Damage Caused by the Implementation of Security Council Resolutions 748 (1992) and 883 (1993) during the Period from 15 April 1992 to 5 April 1999*, S/2000/243 to humanitarian emergencies... The most adverse impact of the air embargo had been on the health sector, for it had restricted emergency medical evacuation both within and outside the country."[1]

It is obvious that more comprehensive sanctions adopted by EU against Syria and Iran, encompassing the multiplicity of economic, financial and trade relations, has an even greater potential to adversely affect the innocent civilian population and, by the sound of it, are doing that job on the ground already.

Legal Basis under the EU Treaties

The legal basis for the EU sanctions against Iran and Syria is not conclusively clear under the European Union's own legal framework. The relevant above-mentioned EU instruments that actually introduce sanctions are not profoundly clear as to what legal basis is claimed there to be for those sanctions under the EU law, let alone under international law. The EU Treaty contains certain provisions to that effect, such as Article 215 EU Treaty which envisages the interruption of economic relations with third States:

> 1. "Where a decision, adopted in accordance with Chapter 2 of Title V of the Treaty on European Union, provides for the interruption or reduction, in part or completely, of economic and financial relations with one or more third countries, the Council, acting by a qualified majority on a joint proposal from the High Representative of the Union for Foreign Affairs and Security Policy and the Commission, shall adopt the necessary measures. It shall inform the European Parliament thereof."

Furthermore, there is Article 24 which addresses the EU measures in furtherance of the Union's strategic interests:

> "2. Within the framework of the principles and objectives of its external action, the Union shall conduct, define and implement a common foreign and security policy, based on the development of mutual political solidarity among Member States, the identification of questions of general interest and the achievement of an ever-increasing degree of convergence of Member States' actions
>
> 3. The Member States shall support the Union's external and security policy actively and unreservedly in a spirit of loyalty and mutual solidarity and shall comply with the Union's action in this area."

But these provisions have also to be read in line with Article 53 of the UN Charter which, pursuant to Article 103 of the UN Charter,[2]

....

1- *UN Yearbook* 1998, 157; See also text of the report in S/1998/201

2- Under Article 103, "In the event of a conflict between the obligations of the Members of the United Nations under the present Charter and their obligations prevails over the obligations of EU member-States under the EU's constituent instruments. If the measure adopted under the EU treaties is an enforcement measure against the State that does not rely on the authorisation from the UN Security Council, the EU member-States – all of whom are also parties to the UN Charter – are no longer meant to uphold those EU measures. The conclusion thus must follow that the EU treaties do not provide for the legal basis of the EU's economic, trade and financial measures against Iran and Syria.

Legal Basis under General International Law

A possible alternative basis on which one may defend EU measures against Iran may be the law governing countermeasures as part of State responsibility. The UN International Law Commission (ILC) has observed in relation to this subject-matter that countermeasures are

> "measures that would otherwise be contrary to the international obligations of an injured State *vis-à-vis* the responsible State, if they were not taken by the former in response to an internationally wrongful act by the latter in order to procure cessation and reparation. Countermeasures are a feature of a decentralized system by which injured States may seek to vindicate their rights and to restore the legal relationship with the responsible State which has been ruptured by the internationally wrongful act."[1]

There is one similarity with collective security measures, namely that related to purpose of underlying measures. As ILC's Article 49 on State responsibility suggests, "Countermeasures shall, as far as possible, be taken in such a way as to permit the resumption of performance of the obligations in question." This could arguably be seen as reflective of the claim of EU is that it intends to prompt the Iranian Government to comply with its international obligations in the area of nuclear non-proliferation. However, this conclusion is nullified by the ILC's another observation that "A fundamental prerequisite for any lawful countermeasure is the existence of an internationally wrongful act which injured the State taking the countermeasure."[2] The key requirement thus is to identify what international legal obligations that Iran allegedly has breached in relation to the EU are the latter's coercive measures are trying to vindicate.

However, it is unclear on what basis the EU could have any standing here, for it is difficult to find the initial wrongful act committed by Iran

under any other international agreement, their obligations under the present Charter shall prevail."

1- Report of the International Law Commission on the work of its Fifty-third session (2001), *Yearbook of the UN International Law Commission*, 2001, volume 2, 128

2- *YbILC* 2001, 130

against the EU. Iran's breach of the 1968 Non-Proliferation Treaty has not been plausibly established and neither the IAEA nor Security Council have so far definitively pronounced on that issue. Nor could the EU be seen as an injured party in relation to Iran's breach of the Safeguards Agreements,[1] because these are operative as between Iran and the IAEA. Thus, general international law could provide no legitimating basis for the EU measures.

On a broader plane, Chapter VII sanctions adopted by the UN Security Council essentially differ from countermeasures. Much as Chapter VII sanctions are often adopted against a State that has committed an internationally wrongful act that a "threat to the peace" almost inevitably involves, they do not inherently involve a reciprocal violation of international obligations towards the target State. The area to which Chapter VII applies covers both inter-State relations that derive from legal obligations of States and those that could develop pursuant to discretionary choices of States. The imposition of an arms embargo would not, in the absence of an arms supply treaty between the States concerned, involve a violation of international law towards the target State. The same applies to economic sanctions and boycotts as under general international law no State is obliged to sell to or purchase from anyone any sort of goods. The impact of Security Council's injunction against doing so is to transform a matter of national policy choice into that of legal prohibition pursuant to the Charter.

The relevance of Article 103 confirms precisely that. If Chapter VII sanctions had the relevance of countermeasures only, their legality could be sustained by the law of State responsibility alone. The difference Article 103 is meant to make relates to justifying member-States to implementing Chapter VII sanctions towards the target State even in violation of treaties in force, where the target State has not in the first place committed an internationally wrongful act towards the State that implements Chapter VII measures. No need for such safeguard would arise in the case of coercive measures that could be defended as countermeasures. What Chapter VII, Chapter VIII and Article 103 of the UN Charter essentially do is to confirm the monopoly of the UN Security Council in adopting such coercive measures that States individually are not authorised by general international law to adopt.

The purpose of Chapter VII sanctions is essentially different from countermeasures under the law of State responsibility also in the sense that their purpose is the coordination to respond to common concerns

1- The Agreement between Iran and the International Atomic Energy Agency for the application of safeguards in connection with the Treaty on the Non-Proliferation of Nuclear Weapons, INFCIRC/214, 13 December 1974 as identified in a centralised manner by the Security Council, not to avenge a previous breach in the interest of particular States. The necessity and proportionality of Chapter VII sanctions is, correspondingly, not the same as that of countermeasures: the calculus of necessity and proportionality should be determined by no one else than the Security Council.

It therefore appears that the measures adopted by the EU against Iran and Syria are generically and qualitatively different from counter-measures that international law mandates States to adopt in response to a previous internationally wrongful act and in the absence of a previous Security Council determination.

But even on the plane of the law of counter-measures, one is tempted to observe that some discrepancies persist in the case of EU sanctions against Iran and Syria. As the International Law Commission observed, "Countermeasures are more likely to satisfy the requirements of necessity and proportionality if they are taken in relation to the same or a closely related obligation."[1] Now, how proportionate sanctions targeting Iran's Central Bank sanctions and ship-building sector, the trade between Iran and EU States, or even sanctions in relation to oil and gas, could be in relation to nuclear non-proliferation is something of a question.

Coercive measures the EU has adopted are qualitatively different from counter-measures, and by their essence require a coordinated decision by the universal organisation to be successful. Unlike Security Council's Chapter measures, the EU sanctions are not supported by the overriding effect of Articles 25 and 103 of the UN Charter. For the same reason, these measures apply coercion to Iran and Syria on the basis and within the framework to which these two States has not given their consent under international law.

The conclusion that compels itself is that by imposing comprehensive economic sanctions against Iran and Syria, the European Union has arrogated to itself the competence that is available exclusively to the UN Security Council under Articles 39 and 41 of Chapter VII of the UN Charter. The imposition of sanctions other than those that can be justified as countermeasures is premised on the determination of a "threat to the peace" under Article 39 of the UN Charter and the subsequent calculation of the necessity and proportionality of the imposed measures under its Article 41, on which both issues the Security Council has the exclusive authority to decide. The Council of the European Union has no authority to make decisions on any of those matters.

....

1- *YbILC* 2001, 128

Conclusion

Due to the centralisation of coercion under Article 53 of the UN Charter, it is in the essence of collective security coercion mechanisms that they should not be used to set one faction of States against another, but be activated only when all major groups of States are united through the Security Council as to the target and measures. EU sanctions escalate the problem rather than contribute to peace and security because there is no uniform vision within the international society as to what is expected of Iran. In pragmatic terms, these sanctions also undermine the consistent normative basis on which the Security Council can properly calculate cause of action, necessity and proportionality of future measures against Iran should such be judged to be necessary. Thus the EU measures have considerably reduced, if not killed off, any decent chance of the Security Council acting effectively on Iran – that very policy that is solely able to inflict on Iran a coordinated and impactful response that would make the difference that partial EU sanctions can never achieve.

Les sanctions unilatérales et le droit international : le cas de l'Iran

PIERRE-EMMANUEL DUPONT[1]

Résumé

Cette contribution examine, du point de vue du droit international, la question de la légalité de la pratique des mesures (ou sanctions) unilatérales prises par des États à l'encontre d'autres États ou d'entités publiques ou privées ressortissantes de ces mêmes États. Elle s'appuie, pour illustrer les différentes problématiques, sur un cas concret : celui des mesures prises à l'encontre de l'Iran en 2012 par l'Union européenne et ses États membres.

abstract

This contribution aims at assessing the legality under international law of the practice of unilateral measures (or sanctions) enacted by certain States against other States or private or public entities of the latter. In order to illustrate the problems raised by this practice, it refers to the case of the measures enacted by the European Union and its Member States against Iran in 2012.

1- Pierre-Emmanuel Dupont dirige le département de droit international public et contentieux international du *London Centre of International Law Practice*. Il est chargé de cours à la Faculté Libre de Droit, d'Economie et de Gestion de Paris (FACO).

Dans les développements suivants, il s'agira d'examiner certaines questions que pose, du point de vue du droit international, la pratique des mesures (ou sanctions) unilatérales prises par les États à l'encontre d'autres États ou d'entités publiques ou privées ressortissantes de ces mêmes États (il peut s'agir de sociétés, de personnes morales, voire d'individus). Par mesures unilatérales, on entend des mesures distinctes de celles prises par le Conseil de sécurité des Nations Unies dans le cadre du système de sécurité collective issu de la Charte des Nations Unies[2]. Ce chapitre s'appuie, pour illustrer les différentes problématiques, sur un cas concret : celui des mesures prises à l'encontre de l'Iran, et plus précisément celles prises par l'Union européenne et ses États membres, dans le courant de l'année 2012. L'Union européenne, en janvier 2012, a décidé de mettre en œuvre des mesures additionnelles contre l'Iran, avec l'objectif avéré d'amener cet État à renoncer à un certain nombre d'activités de son programme nucléaire, activités dites sensibles parce qu'elles sont susceptibles de permettre à l'Iran, à terme, de se doter de la technologie et des matériaux nécessaires à la fabrication d'une arme nucléaire[3]. Parmi les mesures les plus significatives, figurent un embargo étendu sur les importations de pétrole et de gaz iranien (entré en vigueur le 1er juillet 2012), et le gel des avoirs de la Banque centrale iranienne[4]. À l'heure où ces lignes sont écrites, un certain nombre de ces mesures sont suspendues[5], comme conséquence de la signature de l'« accord préliminaire » de Genève sur le programme nucléaire iranien signé

....

2- Sur le système de sécurité collective issu de la Charte des Nations Unies (1945), on peut consulter notamment l'ouvrage de A. Orakhelashvili, *Collective Security* (Oxford, Oxford University Press, 2011).

3- Sur la controverse autour du nucléaire iranien, on peut consulter notamment S.N. Kile (éd.), *Europe and Iran. Perspectives on Nonproliferation* (Oxford, Oxford University Press, 2005) ; S.N. Kile "Nuclear Arms Control and Non-proliferation" in *SIPRI Yearbook 2011 Armaments, Disarmament and International Security* (Oxford, Oxford University Press, 2011) 3811ff; P. E. Dupont, "The EU-Iran Dialogue in the Context of the Nuclear Crisis" *Central European Journal of International and Security Studies*, vol. 3 (2009), pp. 97–112; N. Jansen Calamita, "Sanctions, Countermeasures, and the Iranian Nuclear Issue", *Vanderbildt Journal of Transnational Law*, vol. 42 (2009), pp. 1393–442.

4- Pour le texte de ces mesures européennes, voir Décision 2012/35/PESC du Conseil du 23 janvier 2012 modifiant la décision 2010/413/PESC concernant des mesures restrictives à l'encontre de l'Iran, publiée le 24 janvier 2012 au *Journal officiel de l'Union européenne*, JO L 19, p. 22.

5- Une Décision du Conseil de l'UE (Décision 2014/21/PESC), et un Règlement (2014/42/UE) ont précisé les modalités de la suspension des sanctions dans le cadre de l'accord préliminaire de Genève. Parmi les principales mesures figurent la suspension, jusqu'au 20 juillet 2014, de différentes sanctions édictées dans la Décision 2010/413/PESC du Conseil de l'UE (du 26 juillet 2010), en particulier la suspension de l'interdiction du transport de pétrole brut iranien, et celle de l'interdiction d'importation, d'achat ou de transport de produits pétrochimiques iraniens.

entre l'Iran et le groupe « P5+1 », le 24 novembre 2013[6]. Cependant, en dépit de cette « suspension » de certaines sanctions (qui doit en théorie être suivie d'un retrait global des sanctions, dans le cadre du règlement diplomatique d'ensemble de la question du nucléaire iranien), les questions autour de la légalité des mesures unilatérales continuent de se poser avec acuité.

Les mesures européennes de janvier 2012, du point de vue du droit international, posent d'abord le problème de leur qualification juridique, dont dépend le régime juridique qui leur est applicable. En droit international, des mesures de ce type pourraient *a priori* recevoir différentes qualifications. Parmi les catégories juridiques potentiellement pertinentes dans le cas d'espèce, on peut retenir les mesures de rétorsion, les sanctions proprement dites, et les contre-mesures[7].

On pourrait d'abord imaginer qu'il s'agit de mesures de *rétorsion.* La notion de rétorsion s'applique, en droit international, à une conduite « inamicale » de la part d'un État à l'encontre d'un autre, mais une conduite, pour reprendre la définition posée par la Commission du droit international des Nations Unies, qui ne doit pas être incompatible avec une obligation internationale de l'État recourant à la mesure de rétorsion, alors même qu'elle peut être une réponse à un acte internationalement illicite posé par l'État cible de la mesure de rétorsion[8]. En d'autres termes, la mesure de rétorsion ne doit pas comporter une violation d'une obligation internationale de l'État qui y recourt vis-à-vis de l'État ciblé. Or, en l'occurrence, s'agissant des mesures évoquées tout à l'heure, il ne fait guère de doute qu'elles vont au-delà d'une conduite seulement inamicale, et qu'elles conduisent par exemple certains États de l'Union européenne à violer des obligations contenues dans des traités en vigueur les liant à l'Iran (on peut penser par exemple à plusieurs traités bilatéraux relatifs aux investissements)[9]. On peut également se demander si, indépendamment de l'existence d'un traité, une mesure telle que l'embargo pétrolier n'est pas de nature à constituer *prima facie* une violation d'une norme internationale coutumière de protection

6- L'Allemagne, la Chine, les États-Unis d'Amérique, la Fédération de Russie, la France et le Royaume-Uni.

7- Sur l'ensemble de ces questions, je me permets de renvoyer le lecteur à mon article « Countermeasures and Collective Security: the Case of the EU Sanctions against Iran », *Journal of Conflict and Security Law*, vol. 17 (2012), pp. 301-336.

8- Sur la notion de rétorsion, voir notamment P. Daillier, M. Forteau et A. Pellet, *Droit International Public* (Paris, LGDJ, 2009), p. 1055.

9- Voir par exemple l'accord entre le Gouvernement de la République française et le Gouvernement de la République islamique d'Iran sur l'encouragement et la protection réciproques des investissements, signé à Téhéran le 12 mai 2003, ratifié en France par le décret n° 2004-1279 du 22 novembre 2004, et toujours en vigueur.

des investissements étrangers, en l'occurrence une certaine forme d'expropriation.

Pour toutes ces raisons, on est contraint d'écarter la qualification de rétorsion en ce qui concerne les mesures prises en 2012 par l'Union européenne contre l'Iran. On pourrait dès lors, à titre d'alternative, penser que ces mesures doivent plutôt être qualifiées de *sanctions*. Cela doit conduire à s'interroger sur le fait de savoir s'il s'agit dans le cas d'espèce de mesures (de sanctions) prises sur le fondement et en application de résolutions du Conseil de sécurité, ou si elles ont au contraire un fondement autonome.

La première observation que l'on peut formuler à cet égard est qu'aucune des résolutions du Conseil de sécurité adoptées jusqu'ici ne prévoit une interdiction des importations de pétrole et de gaz iranien. En fait, la dernière résolution en date (la résolution 1929(2010) du Conseil de sécurité) se contentait de faire état de la « connexion potentielle » existant entre les revenus que l'Iran tire du secteur de l'énergie, et le financement de ses activités nucléaires sensibles. Les mesures d'application de cette résolution à l'échelon européen, contenues dans une Décision du 26 juillet 2010, ne prévoyaient pas non plus un tel embargo; et un Règlement européen adopté le 25 octobre de la même année, qui mettait en œuvre des sanctions additionnelles, prévoyait expressément que les mesures qu'il édictait « ne devaient pas affecter l'importation ou l'exportation de pétrole et de gaz vers et en provenance d'Iran ». Dès lors, on peut observer que le fait pour l'UE de considérer désormais que l'embargo pétrolier et gazier constitue une application adéquate de la résolution 1929, relève d'une interprétation extensive, et pour le moins douteuse, de cette résolution. Cela doit nous conduire à écarter l'idée que les mesures en cause constituent des mesures d'application des décisions du Conseil de sécurité. S'il s'agit de sanctions, ce sont alors des sanctions dont le fondement est dit autonome, et elles correspondent à la catégorie juridique des *contre-mesures*.

Les contre-mesures, en droit international, sont dotées d'un régime juridique dont les grandes lignes ont été dégagées par la Commission du droit international des Nations Unies (CDI) dans le cadre de ses travaux sur la responsabilité de l'État pour fait internationalement illicite, travaux qui ont culminé en 2001 avec l'adoption du Projet d'Articles du même nom[10]. On doit ici mentionner, sur un plan technique, que

10- Projet d'Articles sur la responsabilité de l'État pour fait internationalement illicite (2001), adopté par la Commission à sa 53e session (2001), et soumis à l'Assemblée générale des Nations Unies dans le cadre de son rapport sur les travaux de ladite Session, reproduit dans l'*Annuaire de la Commission du droit international*, 2001, vol. II (2), et disponible à http://untreaty.un.org/ilc/texts/instruments/francais/commentaires/9_6_2001_francais.pdf s'agissant dans notre cas de mesures prises avant tout par l'Union Européenne elle-même (dans le cadre de la politique étrangère et de sécurité commune (PESC)), il convient également de se référer à un autre texte de la Commission du droit international, le Projet d'Articles sur la responsabilité des organisations internationales, adopté par la CDI en 2011[11].

La Commission du droit international indique que les contre-mesures s'entendent de mesures prises à l'encontre d'un État responsable d'un fait internationalement illicite, et qui visent à amener cet Etat à s'acquitter de ses obligations internationales. Elles sont, précise la CDI, « limitées à l'inexécution temporaire d'obligations internationales de l'État prenant les mesures envers l'État responsable ». Nous avons indiqué plus haut que les mesures prises par l'Union européenne en 2012 comportaient en effet l'inexécution (au moins temporaire) d'obligations internationales dues à l'Iran, en particulier sur le fondement de traités bilatéraux en vigueur. Les mesures européennes correspondent également à la définition des contre-mesures en ce qu'elles sont envisagées par l'UE comme constituant une réponse à un fait internationalement illicite de la part de l'Iran (constitué notamment par le non-respect des résolutions du Conseil de sécurité et du Conseil des gouverneurs de l'AIEA), et qu'elles visent à amener cet État à s'acquitter de ses obligations internationales.

Les contre-mesures, on l'a déjà souligné, sont dotées d'un régime juridique. La CDI a en effet voulu encadrer le recours aux contre-mesures, qui sont des mesures exceptionnelles et qui sont évidemment susceptibles d'abus, compte tenu notamment des inégalités existant entre les États. La CDI a donc soumis la légalité des contre-mesures au respect d'un certain nombre de conditions, procédurales d'une part, substantielles d'autre part.

Au titre des conditions procédurales du recours aux contre-mesures[12], il faut mentionner le fait qu'avant de prendre des contre-mesures, l'État lésé doit en principe :

a) Demander à l'État responsable de s'acquitter des obligations qui lui incombent;

b) Notifier à l'État responsable toute décision de prendre des contre-mesures et offrir de négocier avec cet État.

....

11- Projet d'articles sur la responsabilité des organisations internationales (2011), adopté par la Commission du droit international à sa 63e session (2011), et soumis à l'Assemblée générale des Nations Unies dans le cadre de son rapport sur les travaux de ladite session (A/66/10), reproduit dans l'Annuaire de la Commission du droit international, 2011, vol. II (2), et disponible à http://untreaty.un.org/ilc/texts/instruments/francais/commentaires/9_11_2011_francais.pdf

12- Sur ces questions, voir Y. Iwasawa et N. Iwatsuki, « Procedural Conditions » in Crawford *et al.* (éd.), *The Law of International Responsibility* (Oxford, Oxford University Press, 2010), pp. 1149–1155.

Au regard de ces conditions, on peut admettre, dans notre cas, que la première condition a bien été remplie. En revanche, on n'a pas connaissance d'une notification formelle des mesures prises par l'UE à l'Iran.

Plus généralement, se pose la question de savoir dans quelle mesure le recours aux contre-mesures est exclu dès lors qu'un mécanisme de règlement pacifique des différends est mis en œuvre; dans le cas qui nous occupe, l'un de ces mécanismes, la négociation, est en cours. Or il est possible de considérer qu'il conviendrait d'exclure le recours aux contre-mesures tant que des négociations sont en cours, et que l'État ciblé est engagé dans ces négociations de bonne foi. Toute la difficulté ici réside dans le fait d'apprécier en pratique la bonne foi de l'État ciblé dans les négociations, tout comme d'ailleurs la bonne foi de l'État qui envisage le recours aux contre-mesures.

Au titre des conditions substantielles maintenant, quatre points principaux sont à mentionner :

1. La légalité du recours aux contre-mesures est conditionnée par l'existence effective du fait internationalement illicite allégué. En d'autres termes, dans le cas qui nous occupe, la légalité des mesures prises par l'UE repose en dernière analyse sur la réalité des violations par l'Iran de son accord bilatéral avec l'AIEA, et de certaines dispositions du Traité de non-prolifération nucléaire[13]. Or plusieurs analystes mettent en doute le fait que ces violations soient véritablement avérées[14], et plusieurs auteurs soulignent le fait qu'en toute hypothèse, la détermination finale et faisant autorité de l'existence (ou non) de ces violations supposerait que le différend soit soumis à un tribunal international, par exemple à la Cour internationale de justice.

2. Des contre-mesures ne peuvent être prises que par un Etat (ou une organisation internationale – l'UE en l'espèce) qui est *lésé* par le fait internationalement illicite de l'État cible. À cet égard, dans le cas qui nous occupe, cette exigence soulève également des difficultés, mais un examen détaillé de ces difficultés au cas d'espèce dépasserait le cadre de cet article[15].

3. Les contre-mesures, souligne la CDI, « doivent être proportionnelles au préjudice subi, compte tenu de la gravité du fait internationalement

....

13- J'ai consacré à ces questions une étude intitulée "Compliance with Treaties in the Context of Nuclear Non-Proliferation: Assessing Claims in the Case of Iran", à paraître dans le *Journal of Conflict and Security Law* (vol. 18, 2013), disponible en version provisoire sur SSRN à http://ssrn.com/abstract=2283172.

14- V. par exemple A. Orakhelashvili, *Collective Security* (Oxford, Oxford University Press, 2011), pp. 24–25.

15- Pour des développements sur cette question, voir J.A. Frowein, « Reactions by Not Directly Affected States to Breaches of Public International Law », in *Recueil des Cours de l'Académie de droit international de La Haye*, vol. 248 (1994), pp. 345 sq.

illicite et des droits en cause ». Dans le cas que nous évoquons, il n'apparaît pas clairement *a priori* en quoi les mesures prises (qui sont extrêmement étendues, l'embargo pétrolier, le gel des avoirs de la banque centrale - ces mesures ont des conséquences économiques majeures tant pour le pays visé que pour les pays qui les mettent en œuvre) sont proportionnées au « préjudice subi » par l'UE et ses États membres au titre de la violation supposée par l'Iran de son accord bilatéral avec l'AIEA ou du TNP[16].

4. Il s'agit ici de la question peut-être la plus sensible, celle de l'interaction entre les contre-mesures prises par les Etats ou les organisations régionales telles que l'UE, et le système de sécurité collective. C'est la question de savoir si l'on peut recourir aux contre-mesures au regard de situations dont s'est saisi le Conseil de sécurité des Nations Unies. C'est une question controversée. Pour certains, le fait que le Conseil de sécurité ait adopté des mesures dans le cadre du Chapitre VII de la Charte des Nations Unies ne constitue pas en soi un obstacle à ce que des mesures additionnelles soient prises par les États ou les organisations régionales. Pour d'autres au contraire, les mesures prises par le Conseil de sécurité excluent le recours licite aux contre-mesures[17]. Par exemple, le professeur Alain Pellet estime que « [s] i le Conseil de sécurité a décidé de sanctions, conformément aux Articles 41 et 42 de la Charte, il semble plus que douteux que les États puissent ne point s'en préoccuper et continuer à mettre en œuvre les mesures de leur invention ». Dans cette situation, précise-t-il, « les États ne sont plus libres de décider à leur gré de contre-mesures »[18].

Le même auteur invoque notamment en faveur de cette interprétation une analogie avec l'auto-défense face à une agression, qui, aux termes de l'article 51 de la Charte, n'est autorisée que jusqu'à ce que le Conseil de sécurité ait pris des mesures nécessaires au maintien de la paix et de la sécurité internationale. Certains auteurs font par ailleurs valoir qu'une règle identique devrait s'appliquer aux contre-mesures, et que le droit des Etats (ou des organisations régionales) de prendre des contre-mesures cesse lorsque le Conseil de sécurité a pris des mesures dans le cadre des articles 41 et 42 de la Charte. Cette opinion doctrinale s'appuie notamment, à juste titre à notre sens, sur la primauté du Conseil de

....

16- Sur le problème de la proportionnalité dans le droit des contre-mesures, voir par ex. R. O'Keefe, « Proportionality », in J. Crawford *et al.* (éd.), *The Law of International Responsibility* (Oxford, Oxford University Press, 2010), pp. 1157–1168.

17- V. notamment L. A. Sicilianos, 'Countermeasures in Response to Grave Violations of Obligations Owed to the International Community', in J. Crawford *et al.* (éd.), *The Law of International Responsibility* (Oxford, Oxford University Press, 2010), p. 1138.

18- V. Annuaire de la Commission du droit international, 1992, volume I, p. 153.

sécurité dans le système de sécurité collective[19]. Et il faut bien admettre que la prise de contre-mesures unilatérales (au niveau d'un État ou d'une organisation régionale) dans une situation dont le Conseil de sécurité s'est saisi (on peut rappeler que le Conseil de sécurité s'est saisi de la crise liée au programme nucléaire iranien en 2006, et en demeure saisi à l'heure où ces lignes sont écrites) apparaît de nature à compromettre la primauté du rôle du Conseil de sécurité, et plus largement l'architecture et la cohérence du système de sécurité collective.

En conclusion, la légalité des mesures européennes apparaît douteuse au regard du droit international applicable, c'est-à-dire le droit de la responsabilité internationale des États et des organisations internationales; et on peut également s'interroger sur le fait de savoir si le cas d'espèce que nous avons analysé dans ce chapitre ne pourrait pas constituer un précédent fâcheux vis-à-vis d'autres crises et d'autres différends internationaux, dans d'autres régions du monde.

19- V. D. Sarooshi, *The United Nations and the Development of Collective Security. The Delegation by the UN Security Council of its Chapter VII Powers* (Oxford, Oxford University Press, 1999), pp. 5–6, où l'auteur souligne que "[t]he UN Charter constitutes a collective security system with the Security Council as its focus. A collective security system can be defined in broad terms as a system where a collective measure is taken against a member of a community that has violated certain community defined values. An important feature of collective security is the maintenance of the status quo of the sustem. This relies, however, on the perception by States that their individual interest is best served by ensuring that the interests of the community of States – in Charter terms, international peace and security – is preserved. In the case of the Charter, it is the Security Council which has been given the authority to determine the content of the community value or interest in a particular case and consequently that its violation necessitates a collective security response".

Les réactions des États aux sanctions illégales

ANTONIOS TZANAKOPOULOS[1*]

Résumé

Cette contribution explore le thème des réactions des Etats aux sanctions illégales. Après certaines clarifications terminologiques relatives au terme « sanctions », l'étude procède en deux parties. La première partie débat de la réaction des Etats aux contre-mesures illégales (sanctions décentralisées). Ces réactions peuvent conduire à une escalade du conflit entre les Etats impliqués. La deuxième partie analyse les réactions étatiques aux mesures collectives adoptées par des organisations internationales, particulièrement l'ONU. Dans ce cas, les Etats peuvent désobéir aux décisions contraignantes de l'organisation, si elles considèrent que les décisions ou les mesures adoptées sont illégales.

Abstract

This presentation deals with State reactions to illegal sanctions. After defining 'sanctions', it discusses, in two separate parts, reactions to illegal countermeasures (decentralised sanctions) as well as reactions to illegal collective measures adopted by international organisations (in particular the UN). In the first case, reactions and counter-reactions to what may be perceived as illegal sanctions may lead to an escalation of the dispute. In the second case, it is argued that States may disobey binding sanctions decisions if these are determined to be illegal.

....

1- Professeur associé de droit international public, Université d'Oxford (St Anne's College). Je tiens à remercier le Dr Vaios Koutroulis et le Dr Eva Nanopoulos de leur aide dans la préparation de cette contribution, ainsi que Pierre-Emmanuel Dupont et Maître Elie Hatem pour m'avoir invité à intervenir lors du colloque international sur les « Embargos et sanctions internationales » qui a eu lieu à Paris (FACO) le 1er février 2013. Cette contribution se base sur le texte de mon intervention dans ce colloque, lequel texte a été légèrement modifié et noté afin d'être publié. Pour une analyse plus approfondie des questions des réactions des Etats aux sanctions *onusiennes* illégales, v. Antonios Tzanakopoulos, *Disobeying the Security Council : Countermeasures against Wrongful Sanctions*, Oxford, Oxford University Press, 2011 et en français *idem*, « L'invocation de la théorie des contre-mesures en tant que justification de la désobéissance au Conseil de sécurité », *Revue belge de droit international*, vol. 46, 2013, pp. 78-102. Je reste seul responsable du contenu de cette brève étude.

Introduction

L'objectif de cette contribution est d'examiner brièvement la réaction des Etats face aux sanctions illégales. Deux questions se posent à ce sujet : *Primo,* les sanctions internationales, unilatérales ou collectives, émanant des Nations Unies, peuvent-elles être illégales ? *Secundo,* quels sont les recours des Etats ciblés par des sanctions illégales, et celui des Etats tiers tenus d'appliquer ces sanctions ? Des précisions terminologiques sur le terme « sanctions » seront préalablement apportées (section II) puis sera abordée la question relative aux réactions des Etats aux sanctions illégales. D'abord et dans un premier temps avec la question des « sanctions » unilatérales des Etats, autrement dites « réactions *décentralisées* à l'illicite »[2] (section III). Ces réactions à l'illicite peuvent-elles être elles-mêmes illicites ? Et quelles sont les voies de recours pour l'Etat visé par ces contre-mesures illicites ? Puis dans un second temps, seront analysées les sanctions « *institutionnalisées* », c'est-à-dire celles émanant des Nations-Unies dans le cadre de ses attributions conformément aux objectifs qui lui sont assignés par la Charte de maintenir la paix internationale[3] (section IV).

Précisions Terminologiques

La définition « kelsenienne » de la sanction semble la plus opportune pour répondre au sujet de notre étude. Ainsi, une sanction n'est qu'une réaction à l'illicite, et elle est la conséquence principale du comportement illicite[4]. Il convient d'exclure de cette étude les mesures de « rétorsion » puisque celles-ci sont des actes « inamicaux » mais parfaitement licites[5], à l'instar du retrait de l'aide volontaire ou le rappel du personnel diplomatique. Un Etat peut donc prendre des mesures de « rétorsion » qui ne sont pas des réactions à l'illicite. Parmi les « réactions à l'illicite », on pourrait utiliser plusieurs expressions et parmi elles : « contre-mesures », « sanctions », « réactions unilatérales » ou « décentralisées », « réactions collectives » ou « institutionnalisées ». Il faut donc, de prime abord, délimiter la portée de chacun de ces termes afin d'éviter toute confusion.

....

2- V. généralement Linos-Alexandre Sicilianos, *Les réactions décentralisées à l'illicite : des contre-mesures à la légitime défense,* Paris, LGDJ, 1990.

3- V. art. 1(1) de la Charte des Nations Unies.

4- V. Hans Kelsen, *The Law of the United Nations : A Critical Analysis of its Fundamental Problems,* New York, Praeger, 1950, p. 706 ; ainsi que *idem, Allgemeine Theorie der Normen,* Vienne, Manz, 1979, p. 115.

5- V. le commentaire de la CDI sur les Articles sur la responsabilité des Etats pour actes internationalement illicites (« ARSIWA ») in « Rapport de la CDI sur les travaux de sa cinquante-troisième session », *Annuaire CDI 2001,* t. II(2), p. 137, paragraphe 3.

Enfin, les « contre-mesures » et les « réactions unilatérales » ou « décentralisées » présupposent l'existence d'une violation du droit international par un Etat. Ils désignent la réaction d'un Etat visé par cette violation contre l'Etat responsable[6]. Même si plusieurs Etats peuvent être visés par une telle violation, et réagir contre cette violation[7], leur réaction n'est pas une réaction « collective ». A l'instar de la Commission du droit international, nous adopterons l'expression « sanctions » et « réactions collectives » ou « institutionnalisées » pour désigner la réaction d''une organisation internationale à l'illicite[8], qui constitue matériellement la seule réaction vraiment « collective » ou « institutionnalisée »[9].

Première partie : les réactions aux réactions décentralisées illégales

Nous examinerons successivement, dans cette partie, les contre-mesures unilatérales, puis les contre-mesures d'intérêt général.

a. Les contre-mesures unilatérales

Si la réaction unilatérale, autrement dit la contre-mesure, n'est qu'une réaction à l'illicite, cette contre-mesure peut-elle elle-même être illicite ? La réaction décentralisée, voire la contre-mesure, est par définition un fait étatique non conforme à l'une des obligations internationales d'un Etat à l'égard d'un autre Etat[10]. Mais l'illicéité de ce fait est exclue si celui-ci constitue une contre-mesure prise par un Etat lésé envers l'Etat responsable[11]. Néanmoins, les contre-mesures doivent elles-mêmes être conformes à certaines conditions. Si ces dernières ne sont pas remplies, l'illicéité du fait de l'Etat en cause ne peut être exclue. Le fait reste illicite, ce qui permettra à l'autre Etat de prendre à son tour des contre-mesures.

Les conditions du recours à des contre-mesures sont à la foi des conditions de fond et des conditions procédurales[12]. Les principales conditions de fond sont au nombre de deux : *primo*, une contre-mesure doit être une mesure qui répond à une illicéité ; *secundo*, c'est l'Etat lésé qui peut prendre des contre-mesures à l'encontre de l'Etat responsable. Toutefois, il existe d'autres conditions de fond : l'obligation de respecter le principe de la proportionnalité dans la mise-en-œuvre des contre-

....

6- V. l'article 49 ARSIWA.

7- V. l'article 46 ARSIWA.

8- V. le commentaire de la CDI sur l'article 22 ARSIWA, *supra* note 4, p. 80, paragraphe 3. V. aussi « Rapport de la CDI sur les travaux de sa trente et unième session », *Annuaire CDI 1979*, t. II(2), p. 134, paragraphe 21 du commentaire sur le projet d'article 30 (contre-mesures).

9- V. aussi Denis Alland, *Justice privée et ordre juridique internationale : étude théorique des contre-mesures en droit international public*, Paris, Pedone, 1994, p. 26.

10- V. les articles 22 et 49(2) ARSIWA.

11- V. les articles 22 et 49(1) ARSIWA.

12- V. les articles 49-53 ARSIWA.

mesures contre un Etat responsable[13], ainsi que l'interdiction des contre-mesures qui portent atteinte à certaines obligations fondamentales, comme l'obligation de non-recours à la force, les obligations relatives à la protection des droits de l'homme, celles relatives au droit humanitaire excluant les représailles, ainsi que d'autres obligations à caractère impératif[14].

Il se peut que l'Etat qui tente de prendre des contre-mesures viole ces conditions de fond. Par exemple, quand un Etat qualifie le comportement d'un autre Etat comme étant une violation du droit international sans que ce comportement ne soit illicite. En effet, en l'absence d'une juridiction internationale capable à déterminer avec force obligatoire que l'Etat « A » a violé ses obligations à l'égard de l'Etat « B », il revient à l'Etat « B » de le déterminer lui-même[15]. L'Etat B est ainsi « *judex in causa sua* » et de ce fait, son auto-appréciation de la responsabilité de l'Etat « A » risque d'être erronée, ce qui rendra sa propre contre-mesure à l'égard de dernier illicite. L'Etat « A », de son coté, ciblé par une contre-mesure illicite, autrement dit, visé par une violation du droit international qui ne peut pas être palliée (par une circonstance excluant l'illicéité), pourra prendre ses propres contre-mesures à l'encontre de l'Etat « B ».

Cela conduira potentiellement à une escalade du conflit entre les deux Etats et par conséquent les deux Etats seront obligés de régler leur différend, soit par la voie de la négociation, soit par le recours à une instance internationale. L'arbitrage dans le cas des *Services aériens* entre la France et les Etats-Unis[16] est un exemple pertinent à cet égard. Dans tous les cas, l'escalade du conflit doit s'arrêter avant la menace ou l'emploi de la force armée[17]. Les Etats devront régler leur différend de manière pacifique[18], conformément aux dispositions de la Charte des Nations-Unies.

Le recours à des contre-mesures est également régi par les conditions procédurales, à savoir, notamment, les obligations de notifier la décision de prendre contre-mesures et de proposer la négociation avec l'Etat responsable[19]. La violation de ces conditions procédurales entraine les mêmes conséquences que la violation des conditions de fond : l'illicéité du fait non-conforme aux obligations de l'Etat qui tente de prendre des

....

13- V. l'article 51 ARSIWA.

14- V. l'article 50 ARSIWA.

15- V. *Lac Lanoux (Espagne, France)*, sentence du 16 novembre 1957, *RSA*, vol. 12, p. 310, paragraphe 16 : « il appartient à chaque Etat d'apprécier, raisonnablement et de bonne foi, les situations et les règles qui le mettent en cause ».

16- *Accord relatif aux services aériens du 27 mars 1946 entre les Etats-Unis d'Amérique et la France*, sentence arbitrale du 9 décembre 1978, *RSA*, vol. 18, p. 454.

17- V. l'article 2(4) Charte ONU.

18- V. les articles 2(3) et 33 Charte ONU.

19- V. l'article 52(1)(b) ARSIWA.

contre-mesures ne peut pas être justifiée par son recours aux théories des contre-mesures. Le comportement en cause demeure, et l'Etat visé par ce comportement peut réagir à son tour, conduisant à l'escalade du différend. Cependant, les conditions procédurales ne sont pas aussi importantes que les conditions de fond. *Primo*, elles ne reflètent pas le droit coutumier[20] mais relèvent plutôt du développement progressif du droit. *Secundo*, les mesures juridiques relatives à la responsabilité des Etats permettent le recours à des contre-mesures « urgentes » sans besoin de se conformer aux conditions procédurales[21].

Les réactions multilatérales à l'illicite posent également des problèmes. Pour rappel, il s'agit de contre-mesures que plusieurs Etats lésés par une violation du droit international adoptent à l'égard de l'Etat responsable. Ici, il y a plusieurs Etats qui déterminent la responsabilité d'un Etat pour un fait internationalement illicite. Ceci atténue, certes, la subjectivité de l'auto-détermination ou l'auto-appréciation du fait illicite. Toutefois, il est possible que les contre-mesures multilatérales violent le principe de proportionnalité. Dans tous les cas, il faut souligner que ces contre-mesures sont extrêmement rares. Ce sont les contre-mesures d'intérêt général qui sont beaucoup plus importantes en tant que réaction décentralisée.

b. les contre-mesures d'intérêt général

Les contre-mesures d'intérêt général[22] ne sont pas des mesures prises par plusieurs Etats lésés. Il s'agit de mesures prises par des Etats « autres qu'un Etat lésé »[23], c'est-à-dire par ceux qui sont indirectement lèses, par exemple par une violation d'une obligation *erga omnes*[24]. Les fondements juridiques édictés par la CDI relativement à la responsabilité des Etats ne sont pas clairs en ce qui concerne la licéité de ce type de contre-mesure. La CDI ne prend pas position à ce sujet et l'article 54 contourne la question[25]. La doctrine est divisée quant à la licéité et

....

20- V. Linos-Alexandre Sicilianos, « La codification des contre-mesures par la Commission du droit international », *Revue belge de droit international*, vol. 38, 2005, p. 479 ; *cf* Caroline Laly-Chevalier, *La violation du traité*, Bruxelles, Bruylant, 2005, p. 561.

21- V. l'article 52(2) ARSIWA.

22- Pour le terme v. généralement Denis Alland, « Countermeasures of General Interest », *European Journal of International Law*, vol. 13, 2002, p. 1221.

23- V. article 48 ARSIWA.

24- "Qui s'applique à tous".

25- Martin Dawidowicz, « Public Law Enforcement Without Public Law Safeguards ? An Analysis of State Practice on Third-Party Countermeasures and their Relationship to the UN Security Council », *British Year Book of International Law*, vol. 77, 2006, p. 347, parle d'une disposition « agnostique » ; Christian Tams, *Enforcing Obligations* Erga Omnes *in International Law*, Cambridge, CUP, 2005, p. 200, considere que la CDI « a décidé de ne pas décider ». V. aussi Linos-Alexandre Sicilianos, « The Classification of Obligations and the Multilateral Dimension of l'opportunité de permettre des contre-mesures d'intérêt général[26]. Il est donc difficile de trancher ou de donner une solution à ce problème dans cette contribution. Néanmoins, il semble que la position affirmant la légalité des contre-mesures d'intérêt général est la plus judicieuse, conformément à la pratique internationale. Ce problème souligne l'importance et la nécessité d'une réaction d'intérêt général à l'illicite. Un tel pouvoir de réaction au nom de la communauté internationale est accordé à l'Organisation des Nations Unies, d'où l'idée d'examiner les sanctions institutionnalisées, autrement dit, celles édictées par l'ONU dans le cadre des compétences qui lui sont dévolues à cet égard.

Deuxième partie : les réactions aux institutionnalisées illégales

L'ancien rapporteur spécial sur la responsabilité des Etats, Roberto Ago, a souligné que « l'on comprend » que la communauté internationale, en s'institutionnalisant progressivement, réserve « à des institutions internationales autres que les Etats la tâche préalable de déterminer l'existence d'une infraction à une obligation d'importance essentielle pour la communauté international tout entière et, par la suite, de décider des mesures à prendre et de leur exécution »[27]. Le Conseil de sécurité des Nations Unies illustre, par excellence, ces propos s'agissant de la plus haute instance internationale pouvant prendre ces mesures. La Charte des Nations Unies, accorde en effet le pouvoir de réagir aux menaces contre la paix internationale en imposant des mesures non-coercitives en vertu de l'article 41 de la Charte. On appelait ces mesures

the Relations of International Responsibility », *European Journal of International Law*, vol. 13, 2002, p. 1142, pour des considérations similaires.

26- La CDI considère que « la pratique dans ce domaine [des contre-mesures d'interet general] est limitée et encore à l'état embryonnaire » : v. le commentaire ARSIWA, *supra* note 4, p. 147, paragraphe 3 du commentaire sur l'article 54. Par contre, plusieurs auteurs soutiennent que la pratique est considérable : v. par exemple DAWIDOWICZ, SICILIANOS, et TAMS, *supra* note 23. Pour d'autres traitements de cette question v. Pierre-Emmanuel DUPONT, « Countermeasures and Collective Security : The Case of EU Sanctions Against Iran », *Journal of Conflict and Security Law*, vol. 17, 2012, p. 301 ; Christian HILLGRUBER, « The Right of Third States to Take Countermeasures », in Christian TOMUSCHAT et Jean-Marc THOUVENIN (dir.), *The Fundamental Rules of the International Legal Order :* Jus Cogens *and Obligations* Erga Omnes, Leiden, Martinus Nijhoff, 2006, p. 265 ; Jochen FROWEIN, « Reactions By Not Directly Affected States to Breaches of Public International Law », *Recueil des cours de l'Academie de droit international de La Haye*, vol. 248, 1994, p. 345 ; Kay HAILBRONNER, « Sanctions and Third Parties and the Concept of International Public Order », *Archiv des Völkerrechts*, vol. 30, 1992, p. 2 ; Thorsten STEIN, « International Measures Against Terrorism and the Sanctions By and Against Third States », *Archiv des Völkerrechts*, vol. 30, 1992, p. 38 ; Michael AKEHURST, « Reprisals by Third States », *British Year Book of International Law*, vol. 44, 1970, p. 1.

27- Roberto AGO, « Huitième rapport sur la responsabilité des Etats », *Annuaire CDI 1979*, t. II(1), p. 45, paragraphe 91.

« sanctions », bien que cette expression ne figure toujours pas en tant que telle dans la Charte des Nations Unies. Cependant, l'ancien rapporteur spécial, ainsi que d'autres juristes, considèrent que le Conseil de sécurité n'est pas habilité à adopter des sanctions au sens strict[28] si bien que les sanctions imposées par ce dernier ne sont pas de véritables « réactions à l'illicite ».

Il faut néanmoins souligner que le Conseil dispose du pouvoir de prendre des mesures non-coercitives en vertu de l'article 41 de la Charte seulement après avoir constaté l'existence d'une menace contre la paix[29]. La qualification d'une situation factuelle de « menace contre la paix » conduit à certaines conséquences juridiques. Dans ce cas, le Conseil est appelé à procéder à une qualification juridique préalable à la prise de sanctions. En constatant une menace contre la paix, le Conseil de sécurité met donc en exergue une obligation générale émanant de la Charte, celle qui incombe aux Etats : l'obligation de ne pas menacer la paix et la sécurité internationale[30]. Par conséquent, les entités visées par les sanctions du Conseil, particulièrement les Etats, sont supposés avoir engagé leur responsabilité internationale. La pratique qui découle des mesures prises par le Conseil de Sécurité en application des dispositions de l'article 41 de la Charte[31], peut donc être qualifiée de véritable sanction. Mais dès lors, dans quelle mesure ces sanctions peuvent-elles revêtir un caractère illégal ?

a. L'illégalité des sanctions

Les Nations Unies peuvent violer le droit internationale et cette hypothèse n'est-pas très difficile à défendre. Si l'ONU dispose dans une large mesure de la personnalité internationale, et a donc la capacité d'être titulaire de droits dans l'ordre juridique international[32], il est donc logique de présumer que l'organisation a aussi la capacité d'assumer des obligations internationales. Si l'organisation mondiale viole ces obligations, elle engage sa responsabilité internationale. Ceci est

....

28- Ibid., paragraphe 92. V. aussi Gaetano ARANGIO-RUIZ, « Septième rapport sur la responsabilité des Etats », *Annuaire CDI 1995*, t. II(1), paragraphes 97-98 ; Vera GOWLLAND-DEBBAS, « Responsibility and the United Nations Charter », in James CRAWFORD, Alain PELLET, Simon OLLESON (dir.), *The Law of International Responsibility*, Oxford, OUP, 2010, pp. 125-127.

29- V. l'article 39 Charte ONU.

30- V. généralement A. TZANAKOPOULOS, *Disobeying the Security Council : Countermeasures against Wrongful Sanctions*, Oxford, OUP, 2011, pp. 60-64 et 77-79 pour une analyse plus approfondie.

31- GOWLLAND-DEBBAS, *supra* note 26, pp. 128-133.

32- V. *Réparation des dommages subis au service des Nations Unies*, avis consultatif du 11 avril 1949, *CIJ Recueil 1949*, p. 179.

confirmé par la pratique et reconnu dans le projet d'articles de la CDI sur la responsabilité des organisations internationales (DARIO)[33].

Pour aboutir à mettre en cause la responsabilité de l'ONU à l'issue de l'adoption de sanctions imposées par le Conseil de sécurité, il faut démontrer, d'une part, qu'il s'agit d'un fait attribuable à l'ONU et, d'autre part, que ce fait viole les obligations de l'organisation[34]. Ces deux questions sont assez compliquées mais il convient de rappeler que le Conseil de sécurité est un organe principal de l'ONU, et son comportement lui est imputable directement et automatiquement[35]. Ainsi, si ce comportement viole les obligations internationales de l'ONU et si aucune circonstance excluant l'illicéité n'entre en jeu[36], la responsabilité de l'organisation est engagée. En effet, les obligations internationales de l'ONU découlent soit de la Charte qui impose par exemple l'obligation de constater l'existence d'une menace contre la paix, ou l'obligation de respecter le principe de la proportionnalité dans le cadre des mesures adoptées en vertu de l'article 41, soit du droit international général qui impose, par exemple, des obligations de caractère impératif dite de *jus cogens* ou l'obligation de respecter les règles relatives à la protection des droits de l'homme[37].

C'est un truisme d'affirmer que, dans certains cas, la responsabilité internationale des organisations internationales est conceptualisée de manière identique à celle des États : dans le cas où, par exemple, une organisation internationale viole une obligation découlant d'un traité bilatéral. Cependant, les organisations internationales ont une caractéristique particulière : elles peuvent, dans certains cas, adopter des mesures obligatoires pour leurs États-membres, c'est-à-dire créer unilatéralement des obligations internationales pour d'autres sujets de droit international. Plus particulièrement, le Conseil de sécurité a le pouvoir d'adopter des mesures obligatoires pour les États-membres en vertu du chapitre VII de la Charte. Ces mesures peuvent constituer en même temps des actes normatifs qui imposent des obligations, tout en demeurant des actes illicites qui engagent la responsabilité internationale de l'ONU.

Il existe plusieurs exemples de décisions du Conseil de Sécurité qui présentent cette double caractéristique et nous pouvons mentionner

....

33- Projet d'articles sur la responsabilité des organisations internationales avec commentaire, Rapport de la Commission du droit international, Soixante-troisième session, Doc. ONU A/66/10, 2011, p. 52, paragraphe 87, commentaire sur l'article premier du projet, et p. 71, paragraphe 4. V. aussi l'article 3 DARIO et son commentaire, *ibid.*, pp. 80–82.

34- V. l'article 4 DARIO.

35- V. l'article 6(1) DARIO.

36- V. les articles 20–25 DARIO, et généralement le chapitre V de la deuxième partie du Projet d'articles.

37- V. généralement TZANAKOPOULOS, *supra* note 28, chapitre 3 *passim*.

à cet égard : la démarcation de la frontière irako-koweïtienne par la résolution 687 (1991), qui a été considérée par certains comme étant contraire au droit international général[38] ; les mesures prises contre la Libye concernant l'affaire Lockerbie entre 1992 et 1998 où les Etats membres de l'Organisation de l'Unité Africaine (OUA)[39] et ceux de l'Organisation de la Conférence Islamique (OCI)[40] ont considéré ces mesures comme une violation de la liberté de religion ainsi qu'une violation de l'obligation de constater une menace réelle contre la paix de la part de l'organisation qui a édicté ces mesures[41] ; les mesures excluant la possibilité d'initier des poursuites pénales contre les casques bleus devant la Cour pénale internationale, entre 2002 et 2003, qui ne répondaient pas, selon plusieurs Etats, à une véritable menace contre la paix[42] ; les mesures contre l'ex-Yougoslavie durant les années 1990, que l'OCI a considéré comme une violation du droit « naturel » de légitime défense[43] ; les mesures anti-terroristes découlant du régime établi par la résolution 1267 (1999), ont été considérées comme contrevenant au droit d'accès à une instance judicaire ainsi qu'au droit à un recours efficace[44]. Quelles sont les conséquences juridiques de ces décisions du Conseil potentiellement illicites prises par le Conseil de Sécurité ?

La réponse habituelle apportée par la doctrine à cette question est que la décision en cause peut être considérée comme étant non-valide ou nulle, car elle est *ultra vires*[45] et selon une certaine interprétation de l'article 25 de la Charte, les Etats membres ne sont pas obligés de respecter

....

38- Ian Brownlie, « International Law at the Fiftieth Anniversary of the United Nations », *Recueil des cours de l'Académie de droit international de La Haye*, vol. 255, 1995, p. 220.

39- Union Africaine aujourd'hui.

40- Organisation de la Coopération Islamique aujourd'hui.

41- V. OUA Doc. CM/Rés.1566 (LXI) (1995); OUA Doc. AHG/Decl.2 (XXXIII) (1997); OUA Doc. AHG/Dec.127 (XXXIV) (1998); UN Doc. S/PV.3864 (1998).

42- V. à titre d'exemple UN Doc. S/PV.4568 (2002). V. aussi Andreas Zimmermann, « 'Acting Under Chapter VII (...)': Resolution 1422 and Possible Limits of the Powers of the Security Council », in Jochen Frowein *et al.* (dir.), *Verhandeln für den Frieden:* Liber Amicorum *Tono Eitel*, Berlin, Springer, 2003, pp. 262–266.

43- Rés. No 6/22-P (10–12 décembre 1994), paragraph 7; cf. Rés. No 7/21-P (25–29 avril 1993), 12ème paragraphe préambulaire; Rés. No 6/23-P (9–12 décembre 1995), paragraphes 12–15. V. aussi la déclaration des chefs d'Etat et du Gouvernement de l'OCI sur la Bosnie-Herzégovine dans leur Septième Conférence (13, 15 décembre 1994), paragraphe 4.

44- Pour un résumé des contestations fondées sur la violation de ces droits fondamentaux par les mesures antiterroristes du régime 1267 devant des tribunaux nationaux et régionaux v., entre autres, Antonios Tzanakopoulos, « Domestic Court Reactions to UN Security Council Sanctions », in August Reinisch (dir.), *Challenging Acts of International Organizations before National Courts*, Oxford, OUP, 2010, p. 54.

45- Va au delà des pouvoirs attribués.

et d'appliquer une telle décision[46]. Si elle est acceptée, cela aurait pour effet d'écarter les conséquences de la responsabilité internationale. En effet, si l'acte en cause est non-valide ou nul, celui-ci ne peut pas produire d'effet juridique.

Dans cette thèse fondée sur la nullité, on retrouve une application par analogie dans l'ordre juridique international, des solutions adoptées par les ordres juridiques internes des Etats. Toutefois, eu égard à l'absence d'une théorie cohérente sur la nullité en droit international[47], cette analogie de l'ordre juridique international à l'ordre juridique interne n'emporte pas notre conviction. Cette thèse a besoin d'une instance judiciaire finale, afin de se prononcer sur la question qui pourrait se prononcer sur la question/supprimer , soit en déclarant la nullité de certains actes, ou en invalidant ces derniers. En l'absence d'une décision judiciaire internationale, une théorie de nullité fondée sur l'analogie avec les systèmes juridiques internes demeure inapplicable. En revanche, dans

....

46- V. à titre d'exemple Dapo AKANDE, « The International Court of Justice and the Security Council: Is there Room for Judicial Control of Decisions of the Political Organs of the United Nations? », *International and Comparative Law Quarterly*, vol. 46, 1997, pp. 333–335 ; Erika DE WET, « The Role of Human Rights in Limiting the Enforcement Power of the Security Council: A Principled View », in Erika DE WET et André NOLLKAEMPER (dir.), *Review of the Security Council by Member States*, Antwerpen, Intersentia, 2003, pp. 25–27 ; Dan JOYNER, « Non-Proliferation Law and the United Nations System: Resolution 1540 and the Limits of the Power of the Security Council », *Leiden Journal of International Law*, vol. 20, 2007, pp. 512–515 ; Theodor Schilling, « Die 'neue Weltordnung' und die Souveränität der Mitglieder der Vereinte Nationen », *Archiv des Völkerrechts*, vol. 33, 1995, p. 96 ; Katharina PARAMESWARAN, « Der Rechtsstatus des Kosovo im Lichte der aktuellen Entwicklungen », *Archiv des Völkerrechts*, vol. 46, 2008, pp. 187–189. Pour d'autres interprétations de l'article 25 de la Charte v. à titre d'exemple Nicholas ANGELET, « Protest Against Security Council Decisions », in Karel WELLENS (dir.), *International Law: Theory and Practice: Essays in Honour of Eric Suy*, La Haye, Martinus Nijhoff, 1998, p. 278 ; José ALVAREZ, « The Security Council's War on Terrorism: Problems and Policy Options », in DE WET et NOLLKAEMPER, cette note, pp. 124–125. Pour notre interprétation v. TZANAKOPOULOS, *supra* note 28, pp. 164–166 et l'introduction de l'édition brochée de cette publication, Oxford, OUP, 2013, pp. xxxvii–xxxviii.

47- Prosper WEIL, « Le droit international en quête de son identité : cours général de droit international public » *Recueil des cours de l'Académie de droit international de La Haye*, vol. 237, 1992, p. 319 : « le système international est allergique [...] à l'idée de ne pas faire crédit aux actes juridiques et à mettre en doute leur validité » ; v. aussi *ibid.*, p. 320 ; Ebere OSIEKE, « *Ultra Vires* Acts of International Organizations: The Experience of the International Labour Organization », *British Year Book of International Law*, vol. 48, 1976–77, p. 262 ; Rudolf BERNHARDT, « *Ultra vires* Activities of International Organizations », in Jerzy MAKARCZYK (dir.), *Theory of International Law at the Threshold of the 21st Century: Essays in Honour of Krzysztof Skubiszewski*, La Haye, Kluwer, 1996, p. 599 ; *cf.* Elihu LAUTERPACHT, « The Legal Effects of Illegal Acts of International Organizations », in *Cambridge Essays in International Law : Essays in Honour of Lord McNair*, Londres, Stevens and Sons, 1965, p. 115 spécifiquement sur une théorie de nullité dans la Charte des Nations Unies.

certains systèmes juridiques internationaux partiels, dits « intégrés »[48], il existe des instances judiciaires investies d'une compétence obligatoire ce qui contribue à l'élaboration d'une théorie générale et cohérente de la nullité. Ainsi, dans l'ordre juridique de l'Union européenne, la Cour de justice a le pouvoir d'invalider des actes émanant d'autres organes de l'Union[49]. Enfin, il n'est pas inintéressant de souligner aussi que l'invalidité de tels actes n'est qu'une des conséquences potentielles de l'illégalité[50], puisqu'il en existe d'autres et parmi celles-ci : la responsabilité « directe, sinon toujours immédiate »[51].

Compte-tenu de la présomption de validité des actes des Nations Unies[52], et en l'absence d'un organe explicitement habilité à constater la nullité ou l'invalidité des actes du Conseil de sécurité, les actes du Conseil de sécurité doivent toujours être supposés comme valides et, par conséquent, comme produisant des effets juridiques. Les résolutions imposant des sanctions sont, donc, valides, mais potentiellement illicites, ce qui peut entrainer comme conséquence la responsabilité de l'ONU.

b. La réaction : qualification de la désobéissance aux sanctions illégales

De quelle manière un État peut-il réagir face à une telle illicéité ? Comment pourrait-il mettre en œuvre la responsabilité de l'ONU, le comportement illicite du Conseil de sécurité, afin que celui-ci remplisse ses obligations secondaires relatives, notamment, à la cessation du comportement illicite et/ou à la réparation du préjudice que son acte a provoqué ? Comme cela a été indiqué dans les développements précédents, les contre-mesures constituent les principales réactions

48- V. Pierre-Marie Dupuy, « Responsabilité et légalité », in Société Française pour le Droit International (dir.), *La responsabilité dans le système international*, Paris, Pedone, 1991, p. 274 : « […] le contentieux de légalité […] a seulement pour objet de constater et de dénoncer la violation du droit par une conduite donnée (avec, *dans le cadre de certains systèmes juridiques intégrés*, la possibilité corrélative d'annuler l'acte s'il présente un caractère normatif) » (nous soulignons).

49- À l'exclusion d'un tel pouvoir des Etats membres. V. à titre d'exemple l'affaire 44/79, *Hauer c. Land Rheinland Pfalz*, Arrêt du 13 décembre 1979, *Recueil CJCE* 1979, p. 3727.

50- V. Hans Kelsen, *Introduction to the Problems of Legal Theory*, Oxford, Clarendon, 1994, pp. 118–119. *Cf.* Ian Brownlie, *System of the Law of Nations: State Responsibility—Part I*, Oxford, Clarendon, 1983, p. 87 : responsabilité et invalidité sont les formes pertinentes de l'illégalité. L'illégalité est donc le *genus*, et l'invalidité un *species* de ce *genus*.

51- V. Dupuy, *surpa* note 45, p. 263.

52- *Certaines dépenses des Nations Unies*, avis consultatif du 20 juillet 1962, *Recueil CIJ* 1962, p. 168 ; *cf. Conséquences juridiques pour les Etats de la présence continue de l'Afrique du Sud en Namibie (Sud-Ouest africain) nonobstant la résolution 276 (1970) du Conseil de sécurité*, avis consultatif du 21 juin 1971, *Recueil CIJ* 1971, p. 22, paragraphe 20.

décentralisées à l'illicite. Un État pourrait-il donc prendre des mesures contre l'ONU dans le but de mettre-en-œuvre la responsabilité internationale de l'organisation mondiale ?

Dans l'ordre juridique international décentralisé, la norme est celle de la mise-en-œuvre de la responsabilité internationale de manière décentralisée, sans recours à un organe judicaire ou exécutif. Un État, en étant membre de l'ONU, ce qui est le cas pour la plupart de ceux de la planète, pourrait-il prendre des contre-mesures contre l'ONU ? Aucune disposition de la Charte ONU n'exclut cette possibilité, ce qui n'est pas le cas pour l'ensemble des organisations internationales. Ainsi, la Cour de justice de l'Union européenne a établi que les Etats membres de l'Union ne peuvent prendre de contre-mesures à l'encontre de l'Union pour des violations du droit européen[53]. Toutefois, cette interdiction est fondée précisément sur le fait que les États, en établissant l'UE, ont mis en place un organe judiciaire investi d'une compétence obligatoire, ainsi que d'un pouvoir d'invalider les actes normatifs élaborés par d'autres organes de cette organisation[54].

Dans le projet de textes relatifs à la responsabilité des organisations internationales, la Commission du droit international accepte le principe des contre-mesures en tant que réaction étatique au fait illicite d'une organisation internationale[55]. Cependant, entre 2009 et 2011, soit entre la première (« DARIO 2009 ») et la deuxième lecture du projet d'articles (« DARIO 2011 » ou « DARIO »), la CDI est partiellement revenue sur sa position en la matière. Dans la version finale du projet elle a établi une distinction entre, d'une part, les contre-mesures adoptées par les Etats membres d'une organisation internationale contre l'organisation, en réponse à une violation du droit international général et, d'autre part, les contre-mesures adoptées par les Etats membres d'une organisation internationale contre l'organisation, en réponse à une violation par cette organisation de son droit interne. Les premières sont généralement admises dans la mesure où elles ne sont pas incompatibles avec les règles de l'organisation[56]. Les secondes ne sont tolérées que si l'instrument constitutif ou si d'autres règles internes de l'organisation les autorisent

....

53- V. les affaires jointes 90/63 et 91/63, *Commission c. Luxembourg et Belgique*, Arrêt du 13 novembre 1964, *Recueil CJCE* 1964, p. 1232 : « en dehors des cas expressément prévus, l'économie du traité comporte interdiction pour les Etats membres de se faire justice eux-mêmes ». Pour l'interdiction des contre-mesures entre les Etats membres de l'UE en réaction à des violations du droit européen v. l'affaire C-5/94, *Hedley Lomas*, Arrêt du 23 mai 1996, *Recueil CJCE* 1996, I-02553, paragraphes 17–21.

54- V. aussi l'article 52 DARIO et son commentaire, *supra* note 31, p. 159, paragraphe 7.

55- V. l'article 51(1) DARIO.

56- Article 52(1), alinéa b DARIO.

expressément[57]. Cette position de la CDI ne correspond pas au droit positif et ne trouve pas d'appui dans la pratique internationale[58]. Dans le bref commentaire relatif à l'article introduisant la distinction précitée, la Commission du droit international se borne à affirmer que la distinction est fondée sur les « liens spéciaux » entre l'organisation internationale et ses États membres, sans aucune autre justification de la nécessité ou même de l'opportunité de la distinction[59]. En définitif, cette distinction n'explique pas : *primo*, pourquoi l'organisation peut violer avec impunité ses règles internes, règles qui, comme la CDI l'admet elle-même, constituent des règles du droit international établissant des obligations internationales[60] ; et, *secundo*, pourquoi les États membres ne disposent d'aucun recours effectif contre une telle violation. Par conséquent, nous sommes d'avis que les contre-mesures peuvent être admises contre toute violation par l'organisation internationale de ses obligations internationales.

Pour les membres de l'ONU, la contre-mesure principale est la désobéissance au Conseil de sécurité[61]. Des lors qu'il n'exécute pas une résolution contraignante du Conseil de sécurité, un État-membre viole l'obligation découlant de l'article 25 de la Charte. Cette mesure, à savoir la désobéissance, est d'abord une mesure « limitée à l'inexécution temporaire d'une obligation internationale de l'État prenant la mesure envers l'organisation responsable ». Cela répond partiellement à la définition des contre-mesures[62]. Toutefois, pour que cette violation puisse être considérée comme une contre-mesure, elle doit remplir certaines conditions additionnelles.

Tout d'abord, il faut déterminer si c'est bien l'État lésé[63] qui prend la mesure de la désobéissance ou de la non-exécution d'une autre obligation due à l'organisation. Cela dépend de l'obligation violée par l'organisation : si on parle d'une obligation découlant du droit international général, on applique la classification classique des obligations, telle qu'elle est reflétée dans les articles 42 et 48 du projet de la CDI sur la responsabilité des

57- Cf. l'article 52(2) DARIO 2011 et l'article 51 DARIO 2009 (première lecture), qui n'inclut pas une telle limitation.

58- V. la critique du Conseiller juridique des Nations Unies et de certains Etats à la Sixième Commission de l'Assemblée Générale : UN Doc. A/C.6/66/SR.18 (2011), p. 6, paragraphe 28 (Conseiller juridique de l'ONU) ; UN Doc. A/C.6/66/SR.19 (2011), p. 6, paragraphe 33 (Grèce) ; UN Doc. A/C.6/66/SR.20 (2011), p. 8, paragraphe 38 (Biélorussie). *Contra* UN Doc. A/C.6/66/SR.19 (2011), p. 8, paragraphe 42 (Inde).

59- V. l'article 52(2) DARIO et son commentaire, *supra* note 31, p. 159, paragraphe 8.

60- V. l'article 10(2) DARIO.

61- V. généralement TZANAKOPOULOS, *supra* note 28, chapitre 7 *passim*.

62- V. l'article 51(2) DARIO.

63- V. l'article 51(1) DARIO qui limite le droit de prendre contre-mesures aux Etats ou organisations internationales lésés.

États (« ARSIWA ») et les articles 43 et 49 DARIO[64]. Par contre, en ce qui concerne la violation d'une règle interne de l'organisation, c'est à dire une obligation découlant de la Charte ONU, *tous* les États-membres de l'organisation peuvent être considérés comme des Etats lésés. Ceci pour deux raisons : premièrement, parce que les obligations qui découlent de la Charte (acte constitutif) de l'organisation sont dues au groupe d'Etats membres de l'organisation ; deuxièmement, la violation de ces obligations « est de nature à modifier radicalement la situation de tous les États auxquels l'obligation est due quant à l'exécution ultérieure de cette obligation »[65]. Si elle n'est pas accompagnée d'une protestation pratique et effective des États-membres, la violation de la Charte peut entraîner sa modification. Nous nous référons, à cet égard, à l'interprétation *contra legem*[66]de l'article 27(3) de la Charte[67]. Dans ces circonstances, *tous* les États-membres de l'ONU peuvent être considérés comme étant des États lésés.

La désobéissance au Conseil de sécurité peut être qualifiée de contre-mesure, adoptée par l'État lésé contre l'organisation responsable. La désobéissance des États-membres de l'OUA en 1998 aux sanctions contre la Libye constitue un exemple patent allant dans ce sens[68]. Il en va de même pour la désobéissance aux sanctions anti-terroristes introduites en vertu du régime établi par la résolution 1267 (2001) et suivants du Conseil. Cette désobéissance est imposée à certains États par leurs tribunaux internes, comme par exemple dans l'affaire *Ahmed* devant la Cour suprême du Royaume Uni[69], ou par des juridictions internationales à caractère régionale, à l'instar de l'affaire *Kadi* examinée devant la Cour de Justice de l'Union Européenne[70] ou dans l'affaire *Nada* devant la

....

64- V. généralement Linos-Alexandre Sicilianos, « The Classification of Obligations and the Mulilateral Dimension of the Relations of International Responsibility », *European Journal of International Law*, vol. 13, 2002, p. 1127 ; idem, « La codification des contre-mesures par la Commission du droit international », *Revue belge de droit international*, vol. 38, 2005, p. 447.

65- V. les articles 42, alinéa b(ii) ARSIWA et 43, alinéa b(ii) DARIO.

66- « Contre la loi ».

67- *Namibie, supra* note 49, p. 20, paragraphes 21–22.

68- V. généralement Tshibangu Kalala, « La décision de l'O.U.A. de ne plus respecter les sanctions décrétées par l'O.N.U. contre la Libye : Désobéissance civile des États africains à l'égard de l'O.N.U. », *Revue belge de droit international*, vol. 32, 1999, p. 545.

69- *Her Majesty's Treasury v Mohammed Jabar Ahmed and others (FC) ; Her Majesty's Treasury v Mohammed al-Ghabra (FC) ; R (on the application of Hani El Sayed Sabaei Youssef) v Her Majesty's Treasury* [2010] UKSC 2.

70- C-402/05 P, *Kadi et Al Barakaat International Foundation c. Conseil et Commission*, arrêt (grande chambre) du 3 septembre 2008, *Recueil CJCE* 2008, I-06351 ; T-85/09, *Kadi c. Commission*, arrêt du 30 septembre 2010, *Recueil CJCE* 2010, II-05177 ; C-584/10 P, C-593/10 P et C-595/10 P, *Conseil et Commission c. Kadi*, arrêt (grande chambre) du 18 juillet 2013. Pour une commentaire sur cette derniere arrêt v. Antonios Tzanakopoulos, « *Kadi* Showdown : Substantive

Cour européenne des droits de l'homme[71], ou encore par leurs organes législatifs, comme par exemple par la décision du Conseil fédéral de la Suisse en 2010[72].

En outre, ces actes de désobéissance respectent le principe de proportionnalité : ils sont facilement réversibles et constituent une *ultima ratio*, c'est-à-dire une mesure prise une fois que toute autre possibilité de négocier et toutes autres voies de recours aient été épuisées. Dans l'exemple libyen, l'OUA a essayé de négocier pendant de nombreuses années sans succès[73]. En août 1998, l'organisation continentale a, de surcroît, notifié sa décision de ne pas appliquer les sanctions du Conseil[74], ce qui a conduit ce dernier à accepter le compromis négocié par l'OUA et à décider de suspendre les sanctions[75]. Dans le cas des sanctions anti-terroristes ciblées, la réaction des tribunaux internes et la menace constante de désobéissance ont provoqué des amendements considérables à la procédure d'imposition et d'examen des sanctions[76]. Par ailleurs, la menace de désobéissance potentielle à déjà été utilisée pendant plusieurs années, comme une notification de l'intention de désobéir.

Conclusion

Les réactions à l'illicite, décentralisées ou institutionnalisées, peuvent elle-même être illicites. Cela permet à l'Etat visé (qui n'est pas nécessairement seulement l'Etat ciblé) de réagir en adoptant des contre-mesures à l'encontre de l'Etat ou de l'organisation responsable. En ce qui concerne les sanctions onusiennes, la principale contre-mesure est la désobéissance au Conseil de sécurité.

Il faut admettre que le fait de justifier la désobéissance au Conseil de sécurité comme une contre-mesure est dangereux, puisque cela peut aboutir à une instabilité et nuire au Conseil de sécurité et au système de la sécurité collective. Cependant, il faut admettre que le Conseil

Review of (UN) Sanctions by the ECJ », disp. sur le blog de de l'EJIL, http://www.ejiltalk.org/kadi-showdown (19 juillet 2013).

71- *Nada c. Suisse*, Arrêt (grande chambre) du 12 septembre 2012, requête no 10593/08.

72- V. la lettre du 22 mars 2010 de l'Ambassadeur de la Suisse au Président de la Comité de sanctions 1267 du Conseil de sécurité, selon quelle la Suisse notifie le Conseil de sécurité que le Conseil fédéral suisse a décidé de désobéir certains mesures imposées par le Conseil de sécurité contre les individus inclus dans la « List 1267 » : COE Doc. AS/Jur/Inf (2010) 05 du 7 décembre 2010, p. 6.

73- V. les documents cités *supra* note 39.

74- V. *ibid.*

75- V. la résolution 1192 (1998), paragraphe 8.

76- V. à titre exemple les amendements du régime des sanctions effectué par la résolution 1267 (1999) du Conseil introduits par les résolutions 1904 (2009) et 1989 (2011).

dispose d'un pouvoir coercitif très large et insuffisamment contrôlé. La désobéissance au titre de contre-mesures constitue ainsi la seule possibilité de contrôle du Conseil de sécurité par les des Etats et cela est admis par l'ordre juridique international décentralisé. Si cette possibilité représente un danger important pour l'efficacité du système établi par la Charte ONU, il faudra envisager d'introduire des reformes calibrées afin d'assurer la conformité de l'action du Conseil de sécurité avec le droit international public.

Sanctions ciblées et respect des droits de l'homme[1]

MATTHEW HAPPOLD[2]

Résumé

Il y a eu une croyance selon laquelle, l'application des sanctions globales n'était pas très efficace : on jugeait qu'elles nuisaient aux innocents, mais que de leur côté, les responsables étaient épargnés, puisqu'en vertu de leurs positions, ils parvenaient à échapper à ces sanctions. L'idée était donc double : éviter les dommages collatéraux tout en frappant fort ceux dont le comportement était à l'origine de situation entraînant les sanctions. Toutefois l'expression « sanctions ciblées » n'est pas elle-même particulièrement bien précise. Elle semble d'une part se référer à des sanctions qui ciblent des personnes précises, en particulier avec le gel de leurs avoirs financiers et l'édiction d'interdictions de voyager. Mais on l'utilise aussi dans des situations où interviennent en réalité des sanctions sectorielles dans lesquelles des formes particulières d'importation ou d'exportation sont interdites. Un exemple de la première situation est l'embargo sur les armes.

Abstract

There was once the belief that global sanctions were not very efficient: it was thought that they affected the innocents, but in return, the leaders were spared, and due to their respective statuses, they escaped sanctions. The argument was two-sided: avoiding collateral damages while striking those whose behaviour had brought forth the situation that called for sanctions. Nevertheless the phrase "targeted sanctions" is not in itself appropriately coined. On one side, it appears to refer to sanctions that target particular individuals specifically in relationship with the freezing of their financial assets and the enactment of travel ban. On the other side, it is also used to refer to situations where in reality sector sanctions apply in which special types of imports or exports are banned. An example of the former case is the arm embargo.

2- Professeur en droit international public, Université du Luxembourg.

Au début des années 1990, des sanctions globales ont été prononcées contre l'Irak, auxquelles se sont ajoutées des destructions concernant la plus grande partie de l'infrastructure du pays pendant la guerre du Golfe de 1991, qui ont par ailleurs causé beaucoup de souffrances. On estime que jusqu'à 400.000 enfants irakiens sont décédés. Suite à cela, il y eu une période d'introspection à propos des sanctions et la façon dont ces dernières peuvent être mieux imposées. La solution a été le recours aux sanctions ciblées ou, comme elles sont parfois appelées, les « smart sanctions »[3].

Il y avait, en réalité, deux idées derrière ces évolutions. La première était que, plutôt que d'adopter des sanctions globales, les sanctions ciblées devaient être imposées pour éviter de nuire aux innocents, dans une perspective humanitaire. Mais d'un autre côté, il y avait une croyance selon laquelle les sanctions globales n'étaient pas très efficaces : on jugeait qu'elles nuisaient aux innocents, et qu'en plus les vrais responsables étaient épargnés, puisqu'en vertu de leurs positions, ils parvenaient à échapper à ces sanctions. L'idée était donc double : éviter les dommages collatéraux tout en frappant durement ceux dont le comportement était à l'origine de situations entraînant les sanctions.

Les sanctions ciblées commencent alors à être prononcées par les Nations Unies au cours des années 1990. Le premier exemple d'individu ciblé est le général Raoul Cédras à Haïti en 1994, et la première liste de personnes soumises à des sanctions ciblées est établie en Angola en 1998, où les personnes associées à l'UNITA sont inscrites sur celle-ci. Le terme « sanctions ciblées » ne semble toutefois pas lui-même être particulièrement bien spécifié. Il semble, d'une part, se référer à des sanctions qui ciblent des personnes bien précises, en particulier avec le gel de leurs avoirs financiers et l'édiction d'interdictions de voyager. Mais, d'autre part, on l'utilise aussi dans des situations où interviennent en réalité des sanctions sectorielles dans lesquelles des formes particulières d'importation ou d'exportation sont interdites. Pour illustrer cette première situation, on peut donner l'exemple de l'embargo sur les armes. Pour ce qui concerne la seconde situation, nous pouvons citer le cas des interdictions d'exportations de bois et de diamants en Afrique, et bien sûr, plus récemment, l'embargo sur le pétrole iranien.

En effet, nous sommes désormais en présence d'une situation dans laquelle tous les régimes de sanctions sont, ou tout au moins prétendent être ciblés. Lorsque l'on consulte le site de l'ONU sur ce sujet, nous constatons qu'il existe pas moins de treize comités de sanctions du Conseil de sécurité de l'ONU chargés d'administrer des régimes de sanctions, bien que certains d'entre eux, il faut l'admettre, ne soient plus véritablement actifs (il y en a ainsi toujours un consacré à l'Irak). Par ailleurs, en étudiant

....

3- "Les sanctions intelligentes »

la liste des mesures restrictives imposées par l'Union européenne (UE), on peut en décompter, par exemple, à fin 2012, pas moins de trente-trois. Il est par ailleurs assez étonnant, sinon ironique de constater que les États-Unis étaient sur la liste, mais seulement en ce qui concerne les réponses de l'UE à des sanctions prises par les États-Unis. Par ailleurs, si l'on examine les débats menés sur ce sujet dans les années 1990, on constate qu'il n'y avait pas beaucoup de considération pour ce qui touchait à la violation des droits de l'Homme, relativement aux personnes ciblées.

Mais tout cela a changé, comme beaucoup d'autres facteurs, après les attentats du 11 septembre 2001. Sans évoquer en détail la question du terrorisme ou surtout l'arrêt *Kadi* de la Cour de justice des Communautés européennes, parce que beaucoup d'analyses ont été consacrées à ce sujet, ce cas doit en tout état de cause être gardé en tête. En effet, il fait référence à la liste des individus collaborateurs d'Al Qaïda en vertu de la résolution 1267 du Conseil de sécurité, laquelle a des conséquences draconiennes sur les individus qu'on a rendu incapables de se déplacer et qu'on prive de moyens financiers, au sein, tout au moins, des juridictions imposant ces sanctions. Cela a conduit à des controverses en ce qui concerne l'impact de ces mesures relatives aux sanctions ciblées sur les droits humains. La jurisprudence de la Cour de justice de l'Union européenne (ou à l'époque celle de la Cour de justice des Communautés européennes), telle qu'elle s'illustre dans l'affaire *Kadi,* mais aussi dans d'autres affaires concernant des personnes ou des organisations « terroristes » constitue un fondement jurisprudentiel essentiel, celui qui a été établi par cette juridiction en ce qui concerne les sanctions ciblées.

En outre, cette jurisprudence a suscité des développements considérables hors de l'Union européenne. Dans l'affaire *Kadi,* bien que la Cour de justice des Communauté européennes prétende ne pas avoir pris en considération la résolution 1267 du Conseil de sécurité mais seules les réglementations mettant en œuvre cette résolution au sein de l'ordre juridique de l'Union européenne, l'arrêt a entraîné - pour des raisons évidentes - une évolution non seulement au sein de l'Union mais au niveau de l'ONU. Il existait également d'autres décisions prises par différentes juridictions nationales qui abondent dans le même sens et à ce propos on pourra se référer au développement d'Antonios Tzanakopoulos dans le livre édité par August Reinsich, *Challenging Acts of International Organisations before National Courts*, qui fournit une analyse très pertinente de la jurisprudence.

Il convient donc d'examiner les développements intervenus à la fois au niveau de l'ONU et au sein de l'Union européenne, en rappelant que ce ne sont pas uniquement ces dernières qui imposent des sanctions. Elles peuvent en effet être parallèlement imposées de façon unilatérale par les États et aussi par d'autres organisations régionales. L'Union africaine, par exemple, a développé une pratique tout à fait intéressante, consistant à imposer des sanctions à propos de changements extraconstitutionnels de gouvernements, qui sont appliquées aux membres de cette organisation continentale. Nous n'évoquerons cependant pas dans les développements suivants le continent africain, à propos du contrôle judiciaire ou quasi judiciaire, puisqu'il s'est illustré principalement au sein de l'ONU et de l'UE.

En ce qui concerne l'ONU, il y a eu une évolution de la procédure en matière de « listing » et, en particulier de « delisting ». En effet, une fois sur une liste, il était en effet presque impossible de s'en voir retiré, au niveau des comités du Conseil de sécurité qui administrent les régimes de sanctions. Il existe un « focal point », qui est un mécanisme de recours si on estime avoir été inscrit(e) à tort et aussi, tout au moins en ce qui concerne des personnes désignées comme associées d'Al-Qaïda en application de la résolution 1267, une médiatrice qui peut enquêter et faire des recommandations à ce sujet. Mais la décision d'ajouter et de retirer de la liste les noms de personnes ciblées reste une mission qui incombe au Conseil de sécurité dans l'exercice de sa responsabilité de maintien et de rétablissement de la paix et la sécurité internationale. Il n'y a donc pas vraiment de contrôle judiciaire à ce niveau, bien qu'il existe maintenant davantage de garanties procédurales.

Par ailleurs, il existe un contrôle judiciaire de plus en plus affirmée par les juridictions de l'Union européenne. Cette dernière agit désormais non seulement dans la mise en œuvre des résolutions du Conseil de sécurité ayant imposé des sanctions, mais le Conseil de l'Union dispose de la faculté d'interrompre les relations financières et économiques avec les pays tiers de sa propre initiative, les traités accordant ce pouvoir. Dans de nombreux cas, l'UE est allée au-delà de ce que le Conseil de sécurité a exigé et il existe donc des cas où ce qui est examiné par le Tribunal, en première instance, et par la Cour européenne de justice, en appel, constitue entièrement une mesure de l'Union européenne.

La jurisprudence est encore en cours d'évolution, voire en développement à ce sujet, mais les contours sont désormais plus clairs. Fondamentalement, une personne désignée comme devant faire l'objet de mesures restrictives par le Conseil de sécurité a le droit d'être avisée de cette procédure. Plus précisément, elle n'a pas le droit d'être informée qu'elle va être désignée mais elle a le droit d'être notifiée à l'issue de sa désignation. Il semble que ce droit aille au-delà même de la simple publication au Journal Officiel, mais le degré de protection octroyée aux personnes visées par ces mesures reste encore flou. Faut-il par exemple leur envoyer une lettre? La réponse semble affirmative à cet égard et c'est du moins celle donnée dans l'arrêt *Bank Melli*, puisque dans cette affaire, le Conseil de sécurité connaissait l'adresse de la banque. Certes, il est *a priori* aisé d'écrire à une personne dont on connait l'adresse. Mais qu'en est-il si cette règle s'applique aux membres des gouvernements, aux membres d'un régime visé par des sanctions, plutôt qu'à des personnes privées associées à ce régime ? Il n'existe pas, à ce jour, de réponses à cette question.

Quoi qu'il en soit, une personne figurant sur la liste des personnes ciblées a le droit de connaître les causes de son inscription sur cette dernière et le Conseil de sécurité est tenu de motiver la raison pour laquelle une personne y a été désignée. Ces raisons doivent être suffisantes pour permettre de décider si l'inscription est justifiée ou non, afin de déterminer l'opportunité de contester l'inscription, et aussi pour permettre à la justice européenne de déterminer si elle aurait dû être saisie, dans l'hypothèse où une demande lui parvient pour annuler la réglementation, dans la mesure où cette procédure concerne cette même personne.

Le principe du respect des droits de la défense s'impose aussi en la matière. Cela implique le droit de connaître les preuves détenues contre les personnes visées. Cette transmission n'est pas automatique mais les preuves peuvent et doivent être communiquées sur demande. Cette question est particulièrement intéressante dans la mesure où dans certains cas, le Conseil de sécurité a précisé qu'il ne disposait pas de preuve au support de l'inscription, au motif que la désignation était une initiative de l'un des États membres, lequel disposait des preuves ou, tout au moins, prétendait détenir des preuves. Toutefois, l'État considérait secrètes ou confidentielles ces preuves, et ne souhaitait pas les fournir aux gouvernements des autres États de l'UE, encore moins à la personne désignée.

Enfin, la personne désignée a droit à la protection judiciaire, ce qui signifie qu'elle peut demander l'annulation de la mesure devant les tribunaux de l'Union européenne. Les tribunaux de l'UE semblent appliquer un niveau raisonnablement élevé de contrôle judiciaire. Ils passent en revue les éléments de preuve et des informations concrètes, et, lorsqu'il n'y en a pas, ils annulent les mesures prises précédemment. Ainsi au cours de l'année 2012, le Tribunal a annulé l'inscription de plusieurs sociétés iraniennes simplement parce que le Conseil n'avait pas vraiment fourni de preuves. Le Tribunal est tout à fait insensible à l'argument parfois évoqué du caractère secret et confidentiel de ces preuves et juge que si le Conseil de sécurité n'a pas nécessairement à les transmettre au demandeur, il doit néanmoins lui laisser voir ces prétendues preuves. Cette situation est problématique, même si les procédures de la Cour ne sont pas conçues pour traiter de cette question. Il faut donc espérer que cela soit un jour élaboré.

Il semble aussi que les tribunaux de l'UE soient prêts à examiner les hypothèses dans lesquelles les individus doivent être désignés, afin de s'assurer qu'ils sont suffisamment impliqués dans certaines activités afin de pouvoir mettre en œuvre les sanctions. Dans l'arrêt *Tay Zay*, rendu par la Cour de justice, des sanctions ont été prises contre la Birmanie. Elles sont désormais suspendues, mais au moment où elles existaient à l'encontre du gouvernement birman, les personnes qui étaient désignés n'étaient pas seulement les membres du gouvernement, des hauts fonctionnaires etc., mais ceux qui étaient associés au régime, en particulier des hommes d'affaires et leurs familles. Monsieur Tay Zay, par exemple, était le fils d'un homme d'affaires suspecté d'être associé au régime, mais la Cour de justice a estimé qu'il ne pouvait pas être désigné parce qu'il n'était pas une cible appropriée. Cette décision est intéressante parce que les traités donnent au Conseil le droit non seulement d'intervenir dans les relations économiques et financières avec les pays tiers, d'une manière partielle, mais également d'une manière globale. Donc, si la Cour estime que les mesures ciblées doivent l'être sur les bonnes personnes, quelles seront les conséquences des mesures qui ne visent pas des les personnes appropriées ?

La jurisprudence se développe, et on constate un niveau raisonnablement élevé de surveillance au niveau européen, et parfois, sur les sanctions ciblées. Parallèlement, on constate que cette surveillance se concentre notamment sur les droits procéduraux. Des arguments ont par ailleurs été avancés devant la justice européenne selon lesquels les sanctions affectent de manière disproportionnée les droits de propriété. Mais ces arguments n'ont pas produit d'effets puisque le droit de propriété n'est pas, en effet, un droit absolu. Il peut être limité à condition de ne pas affecter le fondement même, et en l'espèce, les besoins sociaux impérieux : assurer le respect des droits de l'homme (dans le cas de la Birmanie) ou celui de la prévention de la prolifération des armes de destruction massive (dans le cas de l'Iran), sont considérés comme si importants qu'ils justifient ces restrictions relatives au droit à la propriété.

Il s'agit bien d'une concentration sur les droits procéduraux et il convient donc de noter que, si l'on remonte aux années 1990, nous constatons qu'on ne se souciait que peu des droits procéduraux et qu'on se concentrait sur les droits économiques et sociaux. Ainsi, les sanctions globales ont été considérées comme contraires au droit à la nourriture, contraire au droit à la santé, contraire au droit à la vie, mais pas contraire au droit à un procès équitable. Par ailleurs, les propositions qui ont été faites à l'époque sur la façon dont les régimes de sanctions devraient être réformés, il a été suggéré que ce qui devait être considéré, non pas *a posteriori* mais *ex ante*, était l'impact sur les droits humains que le régime de sanctions pourrait avoir. Une fois les sanctions en place, le contrôle du respect des droits humains devrait en effet se poursuivre, et avant même d'imposer des sanctions, il fallait prendre alors en considération quels effets les sanctions auraient pu avoir sur les droits fondamentaux des individus.

Actuellement, nous disposons d'un contrôle *a posteriori*, en se concentrant sur les droits civils et politiques, classiques, de procédure. Est-ce une amélioration ? On peut répondre par l'affirmative dans la mesure où l'intérêt porté aux « droits de l'Homme » est maintenant à l'ordre du jour. Mais cette amélioration ne doit pas nous rendre aveugle sur d'autres questions : les sanctions prises contre l'Iran en sont un exemple flagrant, puisqu'elles ciblent les transferts financiers en particulier et cela aboutit, notamment, au développement d'une véritable crise pour ce qui concerne l'accès aux médicaments.

Certes, il convient de préciser qu'il existe des exceptions aux sanctions en ce qui concerne l'importation de médicaments en Iran. Mais là n'est pas le problème puisque nombres de grandes sociétés pharmaceutiques ne veulent pas traiter avec l'Iran plus longtemps puisque cela est devenu trop compliqué et elles ne veulent donc pas être mêlées à ce régime de sanctions. Les problèmes sont par ailleurs liés à ceux qui concernent les transferts financiers ou la convertibilité. Cela aboutit ainsi à une pénurie de médicaments en Iran, et si cela continue, il se pourrait bien que cette situation, pour ce qui concerne par exemple la chimiothérapie, l'anti-hémophilie et ainsi de suite, aient des effets très graves et causent la mort d'un grand nombre de malades.

On peut évidemment arguer que, si le gouvernement iranien le voulait, il pourrait résoudre ce problème. C'est exactement le même argument qui fut avancé contre le gouvernement irakien dans les années 1990, mais cela n'exonère pas totalement la responsabilité de ceux qui imposent des sanctions. Le développement du contrôle judiciaire en ce qui concerne les sanctions ciblées est un développement positif, mais combien de personnes sont visées par ce type de dispositif? Elles ne sont probablement que quelques centaines dans le monde, quelques milliers tout au plus. Or, si l'on identifie celles qui ont fait appel à la justice européenne, on trouve Mme Nady Bamba, par exemple, qui n'est autre que la seconde épouse de Laurent Gbagbo ou M. Tay Zay, qui est le fils d'un homme d'affaires très riche, de même que M. Kadi, un homme fortuné. Certes, ce n'est pas parce qu'ils sont riches et influents qu'ils ne doivent pas avoir le droit d'accès à un tribunal. Bien évidemment, c'est leur droit élémentaire comme c'est aussi le droit de toute personne. Mais ce n'est pas parce qu'il s'agit d'un développement positif qu'il faut occulter l'existence d'autres questions concernant les droits de l'Homme qui ne sont pas résolues et devraient l'être.

La pratique contemporaine des sanctions internationales

SABINE VAN HAECKE-LEPIC[1]

Résumé

La pratique contemporaine des sanctions internationales révèle une crise de légitimité du Conseil de Sécurité de l'Onu. Le mécanisme même de sécurité collective est le plus souvent contrarié et détourné de son but. La multiplication de sanctions unilatérales témoigne de ce dévoiement. De plus, les choix de sanctionner tel ou tel Etat décidé par l'organe onusien semblent subjectifs et arbitraires. Les sanctions internationales sont elles encore aujourd'hui utiles et efficaces ?

Abstract

The current use of international sanctions reveals a legitimacy crisis of the Security Council of the United Nations. Indeed, the mechanism of collective security is often misused and diverted from its initial purpose as illustrated by the increasing number of unilateral sanctions taken by states. In addition, the Security Council's decisions to sanction a particular state seem increasingly taken on the basis of biased and arbitrary grounds. In such context, are international sanctions still useful and efficient ?

1- Professeur à la Faculté libre de Droit, d'Économie et de Gestion de Paris (FACO).

« *Dans les ruines encore fumantes de la Seconde Guerre mondiale en 1945, les fondateurs de l'ONU ont conféré à la paix une valeur suprême*[2]. *C'est pourquoi la Charte des Nations Unies prohibe l'emploi ou la menace de force dans les relations internationales selon l'article 2§4*[3]. *Elle confirme par ailleurs, la règle de non ingérence dans les affaires des État souverains art 2§7*[4]. »

Le Conseil de sécurité de l'ONU est composé de cinq États membres permanents, la France, le Royaume Uni, la Russie, les États-Unis et la Chine. Les trois missions principales de l'ONU sont le maintien de la paix, l'aide au développement et à l'éducation et enfin la justice internationale. Les sanctions internationales remplissent-elles leur rôle dans leur mission visant à maintenir la paix ? Au nom de quoi ces cinq États membres permanents régissent-ils encore le monde aujourd'hui dans un contexte de plus en plus instable ? Le Conseil de sécurité de l'ONU garde-t-il toujours sa légitimité au niveau international ? Ces sanctions sont- elles toujours aussi efficaces et légitimes ?

À l'heure où la Corée du Nord défie le monde entier, à l'heure où l'Iran continue son programme nucléaire, malgré un début de négociation avec la « communauté internationale », à l'heure où le terrorisme n'en finit pas de frapper des populations civiles, ne convient il pas de trouver des sanctions internationales plus adaptées ? Cette délégitimation est d'autant plus nette qu'il y a une absence partielle de consensus entre les États membres. Le droit de veto de ces derniers reste un pouvoir absolu et il rend la mission du Conseil de sécurité parfois un peu sélective et arbitraire tant par les choix des actions que par les aides humanitaires accordées[5]. Ces grandes puissances se considèrent de facto dotées d'un statut privilégié exorbitant du droit commun utilisable contre les autres et non contre eux. Il faut cependant noter que ce pouvoir est parfois à la limite de la légalité.

D'autre part, les sanctions internationales n'englobent pas uniquement les sanctions onusiennes, puisqu'un système de sanctions

....

2- *Le Monde diplomatique*, Anne-Cécile Robert, mai 2011.

3- Article 2§4 : interdiction de la menace ou de l'emploi de la force dans les relations internationales : « Les Membres de l'Organisation s'abstiennent, dans leurs relations internationales, de recourir à la menace ou à l'emploi de la force, soit contre l'intégrité territoriale ou l'indépendance politique de tout État, soit de toute autre manière incompatible avec les buts des Nations Unies. »

4- Article 2§7 de la Charte des Nations Unies : « Aucune disposition de la présente Charte n'autorise les Nations Unies à intervenir dans des affaires qui relèvent essentiellement de la compétence nationale d'un État ni n'oblige les Membres à soumettre des affaires de ce genre à une procédure de règlement aux termes de la présente Charte; toutefois, ce principe ne porte en rien atteinte à l'application des mesures de coercition prévues au Chapitre VII. »

5- Tchétchénie ou Tibet.

régionales existe aussi. Ce système de sécurité régional[6] fut appuyé par les conclusions du rapport Brahimi[7]qui prône le renforcement de la coopération de l'ONU avec des organisations régionales comme prévu au Chapitre VIII (OTAN, OSCE, Union européenne, Union Africaine,...). L'une des principales tendances dans le domaine des opérations de paix serait ainsi l'accroissement de cette coopération[8], mais ce système devrait rester subordonné[9] à l'ONU alors que l'on constate de plus en plus d'interventions unilatérales. La sécurité collective n'est- elle pas au final un rêve contrarié[10] ?

Nous poserons dans ce bref exposé la question de la légitimité du Conseil de sécurité actuel, puisque cette interrogation a des répercussions sur la réception des sanctions par les pays visés et limitrophes. Puis, nous dresserons un bilan effectif et prospectif sur la pratique des sanctions internationales.

La difficile légitimité des sanctions internationales

Au-delà de la légitimité des sanctions internationales en tant que telles, c'est la légitimité de la prise de décision qui est en cause. En effet, si la légitimité des Nations Unies ne fait aucun doute, la question de l'organe décisionnel et de sa légitimité reste posée.

A) Des sanctions légitimes

1) Notion de sanction dans la Charte des Nations-Unies

Les sanctions onusiennes sont mises en œuvre pour donner effet à des décisions du Conseil qui appellent à la cessation de comportements à l'origine de la situation constatée par ce dernier en vertu de l'art 39[11]. Celui-ci adresse une injonction à l'État mis en cause et use fréquemment de la menace de sanctions avant d'en adopter effectivement une à son

....

6- Selon l'article 52 : « aucune disposition de la présente Charte ne s'oppose à l'existence d'accords ou d'organismes régionaux destinés à régler les affaires qui se prêtent à une action à caractère régional. En revanche les accords régionaux ne peuvent entreprendre d'action sans autorisation préalable du Conseil de sécurité.

7- Rapport Brahimi

8- Les termes de l'article 53 de la Charte supposent que les organismes régionaux soient utilisées en complémentarité donc en supplément, en appui des forces déjà mises à la disposition du Conseil de sécurité (prévus aux articles 43 et 47 chapitre VII.

9- Cependant l'universalisme doit dominer le régionalisme...

10- Olivier CORTEN « *la sécurité collective, un rêve contrarié*? » Professeur de Droit International (Université libre de Bruxelles), *Le Monde Diplomatique* septembre 2005.p. 17

11- Article 39 : « *Le conseil de sécurité constate l'existence d'une menace contre la paix, d'une rupture de la paix ou d'acte d'agression et fait des recommandations ou décide quelles mesures seront prises conformément aux articles 41 et 42 pour maintenir et rétablir la paix et la sécurité internationale* ».

encontre. Les dispositions de l'art 41[12] et 42[13] de la Charte traitent des mesures coercitives qui peuvent être mises en œuvre contre les Etats menaçant la paix, l'ayant rompue ou étant l'agresseur. Elles peuvent être de nature non militaires article 41 ou militaires article 42.

L'article 41 prévoit des sanctions contraignantes non militaires. C'est à dire des mesures où la communication au sens large d'un État avec le reste de la communauté internationale peut être partiellement ou totalement coupée. Elles peuvent impacter aussi bien l'économie, la diplomatie ou encore les infrastructures essentielles de l'État. (Blocus des moyens de communication ferroviaire, maritimes, aériennes, postales...). Par exemple, le Conseil a pris des mesures d'embargos sur les armes (Somalie, Angola, Haïti,...) ou des mesures d'interruption de communication (Rhodésie du Sud...).

2) Le but des sanctions dans la Charte des Nations Unies

Les sanctions onusiennes ont essentiellement pour but de manifester publiquement une réprobation de la communauté internationale face à un comportement illégal d'un État. Il s'agit donc de faire cesser l'acte illicite sans idée de réparation comme en droit interne. L'article 39 de la Charte est la pierre angulaire du système puisque cet article indique que le Conseil de sécurité doit déterminer si une situation donnée représente une menace contre la paix, une rupture de la paix ou un acte d'agression. C'est un préalable avant de pouvoir adopter des mesures coercitives afin de maintenir ou rétablir la paix conformément aux articles 41 et 42 de la Charte.

Les sanctions se surajoutent à un État déjà en crise alors que le but est de rétablir le droit. Malheureusement, bien souvent les sanctions aboutissent à l'effet inverse de celui recherché et aggravent la situation des populations en créant un désastre humanitaire. L'Irak en est l'exemple le plus criant. Selon Koffi Annan : « *Si les sanctions peuvent dans certains cas apparaître comme des outils performants, certains types de sanctions, notamment les sanctions économiques sont des instruments grossiers infligeant souvent de graves souffrances à la population civile,*

12- Article 41 : Le conseil de sécurité peut décider quelles mesures n'impliquant pas l'emploi de la force armée doivent être prises en compte pour donner effet à ces décisions et peut inviter les membres des Nations Unies à appliquer ces mesures. Celles- ci peuvent comprendre l'interruption complète ou partielle des communications ferroviaires, maritimes, aériennes, postales, télégraphiques, radioéléctriques, et des autres moyens de communication ainsi que la rupture des relations diplomatiques.

13- Si le conseil de sécurité estime que les mesures qui sont prévus à l'article 41 seraient inadéquates (...) il peut entreprendre au moyen de forces aériennes, navales ou terrestres, toute action qu'il juge nécessaire au maintien ou au rétablissement de la paix et de la sécurité internationale. Cette action peut comprendre des démonstrations, des mesures de blocus et d'autres opérations exécutées par des forces navales aériennes navales ou terrestres des membres des Nations Unies.

sans toucher les protagonistes[14] ». Ces problématiques aboutissant à des effets néfastes des sanctions sont doublées de celle de la légitimité du Conseil de sécurité qui ne disposerait a priori d'aucun contre pouvoir.

B) Remise en cause par le système de prise de décision

La conception du système de sanctions permet une adaptation à tous types de sanctions telle que prévue par la Charte. Le mécanisme qui aboutit à voter les sanctions a tendance à être remis en cause par les inconvénients du mécanisme de prise de décision, par les membres permanents du système et leur manque, parfois, d'impartialité. D'autre part, les conséquences drastiques sur les populations des États visés par les sanctions ainsi que sur leurs voisins décrédibilisent le rôle de l'ONU vis à vis de l'opinion internationale.

1) La notion d'intérêt convergent et son détournement

Loin de toute vision idéaliste, les sanctions sont décidées non pas lorsqu'une situation l'exige, mais lorsque tous les intérêts convergent, autrement dit lorsque rien ne s'y oppose. L'utilisation du pouvoir de sanctions est limitée par le caractère politique de l'enjeu et dans certains cas, on remarque une absence de réaction collective en raison des intérêts stratégiques divergents au sein du Conseil[15]. Nous constatons que les sanctions internationales touchent principalement les pays d'Afrique et du Moyen-Orient. Il faut noter qu'aucun pays membre permanent n'a fait l'objet de sanctions...

Le droit de veto de ces cinq États (France, Royaume-Uni, Chine, États-Unis et Russie) les mettent à l'abri de ce dispositif et ne font l'objet d'aucune résolution de l'ONU.[16] Lorsque ces pays sont en faveur d'une intervention, ils détournent le veto et interviennent unilatéralement comme l'Union Européenne en Syrie. On considère que dans ce cas, les décisions du Conseil de sécurité n'ont plus de force obligatoire. En effet, le droit de veto dont disposent les cinq membres permanents du Conseil permet d'empêcher l'adoption de sanctions et favorise le détournement de la décision par des mesures et des sanctions unilatérales[17]. Ainsi la question de la subordination des organismes régionaux se pose[18].

....

14- Rapport de K. Annan dans son rapport sur la mission du Conseil de Sécurité en Afrique.

15- Exemple de la Syrie.

16- Exemple : invasion de Grenade par les États-Unis qui ont immédiatement fait usage de leur droit de véto. Les événements de Tchétchénie ou du Tibet ne font l'objet d'aucune résolution de l'ONU.

17- Malgré leur rigueur, les règles introduites par la Charte n'ont pas empêché le déclenchement de nombreuses guerres en dehors des mécanismes prévus. Au nom de « justes causes », l'Union Soviétiques et les États-Unis ont entrepris des actions militaires unilatérales en Hongrie (1956), en Tchécoslovaquie (1968) ou en Afghanistan (1979), Cuba en (1961), au Nicaragua (1980), à la Grenade (1983) ou au Panama pour les seconds.

18- Le 31 janvier 1992, le Conseil de sécurité a chargé le Secrétaire général de préparer une analyse et des recommandations sur les moyens de renforcer la capacité

2) Absence d'outil militaire propre à la disposition du conseil de sécurité

L'ONU ne dispose pas d'une armée propre et sollicite donc les forces armées des États membres si bien que l'article 43 n'a jamais été appliqué. Ainsi, le Secrétaire Général Boutros Boutros-Ghali, le 3 janvier 1995, considère à propos des forces armées que ni le Conseil, ni le Secrétaire Général ont pour l'instant la capacité de déployer, diriger, de commander et de contrôler les opérations menées à cet effet. Rappelons que les sanctions internationales touchent principalement les pays d'Afrique et du Moyen-Orient. « *On s'était résigné à ce que le Conseil de sécurité prétendit ne pas voir des agressions qui auraient crevées les yeux de n'importe qui.* »[19]. Le Conseil de sécurité s'est vu reconnaître un monopole pour prendre des mesures au titre du Chapitre VII, situation d'autant plus avantageuse puisqu'elle n'a pas de contrepouvoir réel.

3) La réalité du monopole

Le prélude à la sanction est une étude préalable de la détermination de la situation selon l'article 39 de la Charte et c'est le Conseil de sécurité qui a seul la compétence de déterminer si la menace est réelle. Le terme « menace contre la paix », bénéficie d'une large latitude quant à son pouvoir d'interprétation. Le Conseil de Sécurité a ainsi étendu son champ d'application en pratique depuis 1990 et a élargi son champ d'intervention par voie de conséquence.

En pratique, on constate que la centralisation du pouvoir de décision ainsi que la capacité de cet organe à qualifier une situation en fait le maître du jeu. Le Conseil en effet décide de tout : le choix du destinataire de la sanction, le choix de la sanction. Ce pouvoir est accentué par la notion même de « menace », laquelle n'est pas définie précisément dans la Charte. Cette imprécision lui permet d'user de son pouvoir et de qualifier de menaces des situations qui n'étaient pas initialement prévus

des Nations Unies en matière de diplomatie préventive et de maintien de la paix. Six mois plus tard, Boutros Boutros-Ghali rend public son rapport *An Agenda for Peace*. Ce document fondateur jette les bases politiques et conceptuelles du rôle des Nations Unies en matière de maintien de la paix et de la sécurité internationales dans le contexte nouveau de l'après-Guerre froide. En son chapitre VII, l'Agenda pour la paix souligne le rôle croissant que les organisations régionales devraient être amenées à jouer dans ce cadre. Le rapport considère à cet égard que, une région n'étant pas l'autre, les modalités de coopération et la division du travail doivent s'adapter aux réalités propres à chaque cas d'espèce avec flexibilité et créativité, et de citer les exemples du Cambodge, du Salvador et des Balkans pour illustrer la variété des modalités envisageables.

19- J. COMBACAU, « Le chapitre VII des Nations Unies : résurrection ou métamorphose? », in R. BEN ACHOUR et S.LAGMANI eds., *Nouveaux aspects du droit international*, Rencontres internationales de la Faculté de sciences juridiques et sociales de Tunis, Paris, Paris Pedone , 1995, page 145.

dans la Charte, comme les conflits internes, si bien que l'on a du mal à distinguer finement la rupture de la paix et l'acte d'agression[20]...

a) Aucun contre pouvoir

L'organe qui qualifie la situation est le même que celui qui décide la sanction. En pratique, il n'existe pas de limites juridiques à l'action du Conseil autre que le veto d'un des membres permanents qui y siègent. De surcroit, aucun contrôle notamment juridictionnel[21], des décisions du Conseil n'est effectué, alors même que celles-ci sont obligatoires et s'imposent à tous. Celui-ci étant juste subordonné à la Charte ainsi qu'aux dispositions du *jus cogens* notamment celles concernant les droits fondamentaux comme l'énonce le préambule : « *la foi dans les droits fondamentaux de l'homme, dans la dignité, et la valeur de la personne humaine, dans l'égalité des droits des hommes et des femmes ainsi que des nations grandes et petites* ». Le Conseil dispose ainsi d'une légitimité internationale et il a été qualifié de police internationale ou de gendarme international[22]. Cependant, comme l'indique Kelsen, le but du système onusien « *is no maintain or restore the law, but to maintain or restore the peace, which is not necessarly identical with the law*[23]. »

De ce fait, il dispose d'une autorité considérable qui s'attache à ces décisions puisque celles-ci ont force exécutoire et il exerce ainsi dans l'ordre international une véritable suprématie. Le Conseil est aussi une instance politique suivant des motifs et objectifs politiques et sa mission est de rétablir ou maintenir la paix et la sécurité internationale.

b) Limites au pouvoir de sanctions

L'utilisation du pouvoir de sanctions est limitée par le caractère politique de l'enjeu et dans certains cas, on remarque une absence de réaction collective en raison des intérêts stratégiques divergents au sein du Conseil. Come cela a été préalablement souligné, cette inaction s'explique par l'utilisation d'un droit de veto dont disposent les cinq membres permanents du Conseil pour empêcher l'adoption de sanctions, même si tous les autres États pensent que dans cette situation il faudrait réagir.

Aujourd'hui, ce modèle idéal est quelque peu remis en cause par une série de facteurs internes et externes. L'absence d'outil militaire, les déconvenues des opérations de paix difficiles et délicates, le recours le plus souvent aux organismes régionaux, et la multiplication des actions unilatérales semblent sonner le glas de la mission de maintien de paix

....

20- Invasion du Koweït par l'Irak.

21- La Cour internationale de justice serait compétente mais n'est jamais sollicitée.

22- *Annuaire français de droit international*, 1965 volume 11, p.430.

23- H. Kelsen , *The Law of the United Nations*, ed. London Institute of world affairs, 1950, p. 294

des Nations Unies. C'est pourquoi l'ONU tente dans la pratique de recourir à des sanctions plus justes et plus ciblées.

Un pouvoir de sanctions en pratique

On constate aujourd'hui une démultiplication des sanctions du Conseil de sécurité, avec notamment l'apparition des mesures dites intelligentes ou « SMART sanctions » ou encore actions ciblées. Avant de constater l'évolution du régime des sanctions, il est important de souligner l'effort d'adaptation des Nations Unies pour s'approcher au plus près de la réalité politique de chaque pays en conflit en ciblant les sanctions.

A) Élargissement des mesures

Le mécanisme de sanctions prévu par la Charte des Nations Unies donne de nombreuses possibilités au Conseil de sécurité. Il peut agir graduellement sur l'État visé[24]pour tenter un dialogue et une réaction en influençant le comportement de l'État.

1) Menace contre la paix à l'épreuve du réel[25]

Le Conseil de sécurité a su s'adapter à une réalité toujours plus complexe en trouvant une large latitude au chapitre VII pour intervenir. Ainsi, le Conseil a qualifié de menace contre la paix et de terrorisme le recours à des armes de destruction massive. Selon la résolution 1368, il considère aussi tout acte de terrorisme international comme une menace contre la paix et contre la sécurité internationale. Le Conseil de sécurité a contribué à créer largement les conditions de retour à la paix par la création de tribunaux internationaux[26], organes subsidiaires du Conseil et aussi en créant une administration provisoire du territoire comme au Kosovo.

2) Typologie des Sanctions Internationales

- Sanctions globales, économiques, financières et militaires

Dans la pratique, le premier type de sanctions était des sanctions au spectre large.[27] Il s'agissait de sanctions globales, économiques, financières ou encore militaires. Cependant, ces sanctions engendraient des conséquences trop lourdes pour les pays contre lesquels elles

....

24- On passe d'abord d'un embargo sélectif ou partiel à un embargo généralisé ou total.

25- Realpolitik

26- Tribunaux pénaux ad hoc en ex Yougoslavie.

27- « L'arme économique, par son caractère imprécis et systématique, peut occasionner des dégâts humains considérables sans qu'elle ne garantisse à l'organisation universelle la réalisation des objectifs qu'elle s'est assignés. » Mohamed Bennouna, « L'embargo dans la pratique des Nations Unies : Radioscopie d'un moyen de pression », in E.Yapku et T.Bounedra eds., *Liber amirocum, Mohamed Bedjaoui*, La Haye, Kluwer Law International, 1999, pp.555-583.

étaient prononcées. Elles pouvaient même ainsi avoir un effet néfaste en développant des sursauts nationaux contre-productifs en période de crise économique et sanitaire. Ces sanctions aggravent nécessairement la vie des populations touchées par la guerre civile. Les droits de l'homme[28] étaient bien souvent sacrifiés sur l'autel des résolutions onusiennes, ce qui est un vrai paradoxe.

C'est pourquoi de rapport en rapport sur l'impact des sanctions internationales, il a été décidé d'avoir recours à des sanctions plus ciblées, moins globales. Elles répondraient ainsi de façon plus juste à la réalité en respectant les populations civiles, premières victimes des différents embargos et blocus. Après trente ans de sanctions internationales faiblement utiles ou gravement nuisibles, les efforts se sont concentrés sur la recherche de sanctions plus adaptées à la réalité.

- Les mesures ciblées ou sanctions intelligentes (SMART)

Il s'agit de sanctions intelligentes ou SMART sanctions. C'est à dire des sanctions ciblées, progressives, limitées dans le temps. L'ONU a emprunté cet acronyme au management :

S comme SPÉCIFIQUE
M comme MESURABLE
A comme ATTEIGNABLE
R comme RÉALISTE
T comme TEMPORELLEMENT DEFINI

B) Le régime de sanctions

Le régime de sanctions de l'ONU au cours de ces dernières années a révélé de nombreuses conséquences néfastes et perverses[29] lors de leur mise en place et notamment des crises humanitaires sans précédent touchant les populations civiles dans les États soumis aux sanctions économiques du Conseil ou les États tiers. Pour remédier à ce phénomène, le Conseil a pu adopter des mesures ciblées visant des acteurs spécifiques et inscrire des exceptions humanitaires dans le texte de ses résolutions mais l'application se révèle délicate à l'usage.

1) La difficile application des mesures ciblées

Ces mesures ciblées ou smart sanctions ont permis de faire des progrès face aux conséquences néfastes des mesures globales sur les populations civiles come cela a été souligné. Néanmoins, on remarque certaines difficultés pour l'application en matière de terrorisme. Selon un représentant de l'Union Européenne : « *il est nécessaire que toutes les*

....

28- *Conséquences néfastes des sanctions économiques pour la jouissance des droits de l'homme*, Document de travail établi par M.Bossuyt, E/CN. 4/Sub. 2/2000/33, 21 juin 2000, page 13.

29- *Effets pervers des sanctions car elles ont toujours des effets non intentionnels ou non souhaités*. Supplément à l'agenda pour la paix, § 70.

sanctions imposées soient bien ciblées de manière à atteindre un objectif bien précis. En particulier, en matière de lutte contre le terrorisme, les procédures doivent être claires et équitables ». Le Conseil a demandé aux États membres au moyen de différentes résolutions d'infliger directement des sanctions économiques comme le gel des ressources financières des personnes nommément désignées sur une liste noire, présumées être affiliées au réseau terroriste Al Qaïda.

Or, on remarque en pratique que ces sanctions ne visent pas des Etats mais des personnes comme le prévoyait pourtant le Chapitre VII et elles ne peuvent bénéficier, en cas d'arrestation, d'un procès équitable puisqu'il s'agit d'un régime spécial. Cependant, cette problématique fut soulevée dans une sanction ciblée contre un individu et sa fondation car il était soupçonné d'être associé à des terroristes, et tous ses avoirs furent gelés. Ces derniers n'avaient aucun recours contre les décisions du Conseil et en ont fait un devant la Cour de Justice des Communautés européennes[30] qui a rendu un arrêt lui donnant compétence pour contrôler les mesures adoptées par le Conseil. La Cour a alors décidé que le règlement viole en l'espèce les droits fondamentaux que M. Kadi et Al Barakaat tirent du droit communautaire.

La question qui se pose est de celle savoir si la Cour Internationale de Justice est un contre- pouvoir aux décisions du Conseil et dans le cas contraire quelle serait alors l'organe qui pourrait être le contre-pouvoir ? Certains auteurs parlent de la démission de la Cour Internationale de Justice. En effet, bien qu'elle soit la plus apte à exercer le contrôle de la légalité des actes du Conseil de sécurité, la CIJ, organe judiciaire de l'ONU, n'a pas clairement accepté cette mission. Elle a même affirmé ne pas avoir « de pouvoirs de contrôle judiciaire ni d'appel en ce qui concerne les décisions prises par les organes des Nations Unies. » Dans le cas de l'arrêt Kadi, il est indéniable que le réel contre-pouvoir vient de la Cour de Justice Européenne.

2) L'application de la Realpolitik du Conseil

Le choix de recourir aux sanctions peut être motivé par différents critères :

- La faisabilité de l'action, c'est à dire la possibilité pour l'action d'aboutir.

Le Conseil n'intervient que dans les cas où son action peut avoir une certaine influence sur la situation.

« *Ce n'est pas parce qu'il y a une situation constitutive de menace à la paix et à la sécurité internationales que le Conseil de sécurité agit. C'est*

....

30- Devenue la Cour de Justice de l'Union Européenne depuis 2009 et l'entrée en vigueur du Traité de Lisbonne.

dans la mesure où il peut agir qu'il constate la situation dangereuse pour la paix et la sécurité internationales.[31] »

Le Conseil de sécurité applique la « realpolitik » au sens propre : l'art du réalisable. Ainsi à situation comparable, il apportera une situation différente, selon que son intervention pourra ou non modifier l'attitude de l'État fautif.

Le choix de recourir ou non aux sanctions peut être motivé en second lieu par l'intérêt particulier d'un ou de plusieurs membres permanents.

- La règle du double standard. Le droit de véto aboutit à la règle du double standard. Cette règle signifie que les membres permanents du Conseil de sécurité ne pourront jamais faire l'objet de sanctions[32]. Ainsi, cette totale impunité des membres du Conseil contribue à sa perte de légitimité, et à sa décrédibilisation[33].

Nombre de situations n'éveillent que très peu l'attention du Conseil de Sécurité : Tibet, Tchétchénie, Nicaragua[34]. L'intervention a quelque chose de sélectif puisque l'on peut de demander comment serait-il possible d'intervenir en Chine pour libérer le peuple tibétain de l'oppression, comment réagirait les Russes si une intervention en Tchétchénie était envisagée ? Donc, à situations équivalentes, solutions différentes. Dans les choix ou le non choix d'intervention c'est le sel de l'arbitraire qui peut paraître être en jeu.

Bilan des sanctions

La question de l'efficacité des sanctions doit être explorée, tant au niveau des mesures, que de l'efficacité strictement économique par exemple, c'est à dire l'aptitude des mesures à causer un dommage effectivement économique à l'État, qu'au niveau de leur efficacité politique c'est à dire l'aptitude des sanctions à modifier le comportement fautif de l'État visé.

....

31- Colloque de La Haye (21-23 juillet 1992) sur le développement du rôle du Conseil de Sécurité sous la direction de R.J. Dupuy, Académie de droit international de La Haye, Nijhoff, Dordrecht, 1993.

32- Cette règle signifie que les membres de permanents du Conseil de sécurité ainsi que leurs alliés ne pourront jamais faire l'objet d'une sanction. C'est un exemple d'impunité totale.

33- Le recours à la règle du double standard contribue à la perte de légitimité du Conseil de sécurité aux yeux des plus faibles.

34- *Activités militaires et paramilitaires au Nicaragua et contre celui-ci* (Nicaragua/États-Unis, CIJ, arrêt 27 juin 1986, Recueil 1986, page 14). Dans cette affaire la cour de Justice Internationale avait reconnu la responsabilité des États-Unis dans les dommages causés au Nicaragua. Le Nicaragua avait demandé l'application de la Charte conformément à l'article 94.2 de la charte et avait demandé ainsi que soit sanctionné les États-Unis. Mais les États-Unis ont opposé leur veto à l'application de cette résolution.

A) Lien entre l'efficacité intrinsèque et l'efficacité extrinsèque des sanctions internationales

Malgré la recherche de souplesse et de flexibilité pour ajuster les sanctions au plus prés de la réalité du Conseil de sécurité, le bilan effectif sur leur efficacité est difficile à évaluer.

- Afrique du Sud, avril 1960 à avril 1994 avec l'élection de Nelson Mandela :

Les sanctions internationales ont permis l'éradication du régime de l'apartheid. Il y a eu en premier lieu une condamnation de principe qui : « invite le gouvernement sud-africain à prendre des mesures pour assurer entre les races une harmonie fondée sur l'égalité et à abandonner sa politique d'apartheid et de discrimination raciale » et « demande solennellement à tous les états de mettre fin immédiatement à la vente et à l'expédition d'armes de munitions à l'Afrique du Sud. » Cet arsenal a été complété par des sanctions diplomatiques, sanctions culturelles sportives et économiques. Ce régime a pris fin le 29 avril 1994 avec l'élection de Nelson Mandela. Mais, même si apparemment les sanctions internationales ont été un succès, il paraît difficile de départager le succès attribuable aux sanctions et le succès attribuable à l'évolution des mentalités et à la multitude d'autres facteurs[35].

- Irak : un fiasco et un problème de légitimité des sanctions avec la résolution 661[36] du 6 aout 1990 au 22 mai 2003 qui fait suite à l'intervention américaine et à la chute de Saddam Hussein…
- En ex-Yougoslavie : les sanctions ont été plutôt efficaces[37].
- L'Iran, a pour allié les Russes, qui ne tiennent pas à une présence américaine durable au Moyen-Orient
- En Syrie, des résolutions et un blocage a Conseil de sécurité, avec un débat sur l'intervention.
- La Corée du Nord défie le monde en toute impunité

....

35- Le facteur démographique, l'évolution des mentalités au sein de la communauté blanche elle- même et le contexte international. *ONU : les sanctions en question*. Rapport d'information n° 407003203 enregistré à la Présidence de l'Assemblée nationale le 27 juin 2001 et présenté par le député René Mangin.

36- La résolution 661 désignait deux types de dérogations à l'embargo : les médicaments et fournitures médicales d'une part et les denrées alimentaires. Mais l'Irak dépourvu de sa source de revenus principale : le pétrole n'avait plus les moyens d'acheter ces produits de premières nécessité. C'est dans ce contexte que la résolution 661 mis en place le programme « pétrole contre nourriture ». L'idée était de financer l'achat de fournitures de première nécessité par l'exportation du pétrole irakien limiié à 1, 6 milliards de dollars pour 180 jours. Mais ce programme fit l'objet de nombreuses critiques, car les fonds furent détournés du premier objectif…

37- *Les sanctions peuvent être un instrument politique fiable et efficace dans l'échelle des réactions.* Rapport de la table ronde de Copenhague sur les sanctions imposées par les Nations Unies dans le cas de l'ex Yougoslavie in S /1996/776 (24 septembre 1996).

B) Une réception difficile des sanctions par un manque de légitimité du Conseil de sécurité : vers une réforme de sa suprématie ?

Estimant qu'il s'agit essentiellement d'une question de rapport de force et d'équilibre international, Mario Bettati propose d'élargir le Conseil de sécurité et d'instaurer un siège permanent rotatif pour chaque grande région du monde afin de démocratiser et de légitimiser le processus décisionnel au sein de celui-ci. De cette manière, on pourrait réduire l'influence de grands États sur les autres et convaincre les plus réticents.

Les sanctions internationales ont montré à de maintes reprises leurs limites mais restent un rempart encore aujourd'hui contre les menaces pesant sur les grands équilibres internationaux.

Elles étaient destinées à maintenir la paix et la sécurité entre les États. Elles sont passées d'une approche globale et sommaire à une approche plus ciblée qui nécessite une action plus fine et un ajustement avec une implication plus forte de l'ensemble de la « communauté internationale ».

L'utilité des sanctions dépend en grande partie d'une analyse lucide et ajustée. Pour qu'il conserve sa légitimité et qu'il reste un élément incontournable du dialogue international au service de la prévention et du retour à la paix, le régime des sanctions doit reposer sur une méthode ouverte et adaptable et comporter une large palette de mesures allant de la contrainte des personnes ou de leurs intérêts aux mesures humanitaires en faveur des populations des États visés. Il faut prendre en compte dans l'approche de la sanction l'ensemble des facteurs culturels, économiques et humanitaires....

Ainsi, une sanction utile et efficace permet aux différentes parties prenantes de conserver des marges de manœuvre suffisantes pour la reprise des négociations et évite d'infliger des humiliations ou des blessures durables aux fiertés nationales. Enfin, le manque de légitimité du Conseil de sécurité est dû aussi aux occasions répétées du Conseil de faire de l'ingérence dans les situations internes des pays alors que la Charte exclut toute action d'ingérence dans le cadre du maintien de la paix[38]. C'est la difficile frontière qui est bien ténue entre l'ingérence[39] et l'intervention.

Mais en même temps à l'heure où l'ensemble des sanctions paraissent échouées, à l'heure où les identités nationales des pays visés semblent même renforcer, à l'heure où les actions unilatérales n'ont jamais été aussi nombreuses détournant ainsi les décisions du Conseil de sécurité, n'est il pas grand temps de réformer le Conseil de Sécurité des Nations Unies en le rééquilibrant avec des pays du Sud comme le Brésil et L'Inde,

....

38- Article 2§7 précité qui exclut toute ingérence dans les affaires internes des pays.
39- Henry Laurens, *Re-construire les États, nouvelles frontières de l'ingérence.*

n'est il pas grand temps aussi d'ouvrir ce Conseil à l'Allemagne et au Japon ?

Pour reprendre l'analyse d'Henry Laurens : la question est donc de savoir si ce sont les erreurs qui rendent le système impossible à gérer, ou si c'est justement la nature du système qui engendre les erreurs ?

« *La première urgence serait peut-être de combler les déficits réciproques de connaissances, ce qui passerait par un réexamen chez tous des a priori et des implicites de l'action politique. C'est déjà en soi un vaste programme surtout s'il faut abandonner les langues de bois justificatrices des actions politiques. Si l'Occident et L'Orient sont compliqués il serait peut être tant d'abandonner des idées simples*[40]. »

40- Henry Laurens, Professeur au Collège de France. « La politique de l'erreur, le Moyen-Orient au seuil du XXI° siècle » in *la vie des idées.fr*

Origine et évolution des sanctions internationales

ELIE HATEM[1]

Résumé

Depuis la nuit des temps, les sociétés humaines se livrent aux guerres qui permettent aux plus puissants d'imposer leur hégémonie sur les vaincus. À cet effet, tous les moyens étaient légitimes : sièges, blocus, embargos, boycott, etc... Malgré les traités de Westphalie, ces pratiques n'ont pas cessé. Il a donc fallu attendre l'émergence du droit international public d'abord avec la SDN, ensuite avec l'ONU, pour que ces mesures de représailles deviennent condamnables. On assista alors au développement d'un système de sanctions institutionnalisé et multilatéral qui hélas, a connu de sérieuses dérives ces dernières années.

Abstract

Since the dawn of time, human societies make wars after which the most powerful impose their hegemony over the loser. Thus and for this purpose all means were legitimate : seats, blockades, embargoes, boycotts, etc ... Despite the Treaty of Westphalia, these practices have continued. It was therefore necessary to wait for the emergence of international public law first with the League of Nations, then with the UN so that these reprisals become reprehensible. We then assisted to the development of a system of institutionalized multilateral sanctions which unfortunately experienced serious abuses in recent years.

....

1- Avocat à la Cour, enseignant à la Faculté Libre de Droit, d'Économie et de Gestion de Paris, docteur en Droit.

Depuis la nuit des temps, les sociétés humaines se livrent à des hostilités, des combats, des conquêtes, des invasions, des razzias etc. à l'issue desquelles les vainqueurs, les plus forts, dominent les entités vaincues et exercent sur elles leur hégémonie. Dans ce rapport de force qui caractérise les guerres, tous les moyens étaient légitimes pour faire céder l'ennemi. De l'Antiquité au Moyen-âge, ces techniques de guerre étaient similaires voire identiques. Parallèlement aux mécanismes traditionnels d'attaques, on assistait au développement de tactiques en vue d'exercer une pression sur l'adversaire pour l'obliger à capituler : état de siège, blocus, embargos, etc.

Il a fallu attendre le XVIIe siècle pour que la guerre soit proscrite et pour voir émerger progressivement les prémices d'un droit international, à l'issue de la guerre de Trente ans (1618 – 1648) qui avait causé la mort de plus de deux millions de soldats sur le continent européen. On doit essentiellement la genèse de cette matière à Hugo Grotius qui s'est fondé sur le droit naturel[2] pour en formuler les principes[3]. À la même époque, en 1648, deux traités de Paix signés à Osnabrück et Münster, connus sous le nom de Traités de Westphalie, ont introduit les concepts directeurs du droit international public en déclarant la guerre hors la loi et en établissant le principe de la non – ingérence dans les affaires d'autrui, un corollaire à la reconnaissance de l'inviolabilité des souverainetés nationales.

Les Traités de Westphalie ont aussi instauré un ordre international où le multilatéralisme a vu le jour, fondé sur l'équilibre des puissances et la soumission des Etats à des règles communes définies par eux. Dans ce contexte, le système de la sécurité collective a vu le jour. Par conséquent, l'agression de l'un des membres appartenant à ce système constituait une agression contre l'ensemble et appelait alors une réponse collective, notamment par le recours à la force. Ce n'est qu'au XXe siècle que le recours à la force sera prohibé par l'article 2 alinéa 4 de la Charte des Nations unies, à l'exception de la légitime défense exercée à titre provisoire, jusqu'à ce que le Conseil de sécurité prenne les mesures nécessaires[4]. Ce principe a été confirmé, à maintes reprises et d'une

2- Le droit naturel est l'ensemble des règles idéales, régissant la conduite de l'espèce humaine, auquel le droit positif doit être soumis. Pour Grotius, le droit naturel doit se déduire de la nature de l'Homme. Avant lui, les philosophes grecs (Aristote, Platon ainsi que les Stoïciens) considéraient le droit naturel comme le principe supérieur de justice, inscrit dans la nature des choses et conforme au bon ordre de la nature et de la Cité. Enfin, pour Saint Thomas d'Aquin, le droit naturel est inspiré par Dieu.

3- L'un de ces principes est celui de l'extraterritorialité de l'espace maritime qui peut être utilisé librement par toutes les nations à des fins de navigation commerciale.

4- Le Conseil de Sécurité est l'unique organe, dans l'ordre international, qui peut autoriser voire ordonner l'usage de la force en vertu des dispositions du Chapitre VII de la Charte.

manière explicite, par de très nombreuses résolutions qui ont pour objectif d'éviter les conflits ouverts par l'usage de règles préventives.

Le développement du droit international public depuis la Société des Nations mais surtout depuis la création de l'Organisation des Nations Unies, où une Charte[5] a été établie, a donné naissance à un ordre juridique international avec des normes et des principes, notamment le *jus cogens*, mais également les actes dérivés des organes des Nations unies, que les États et l'ensemble des acteurs de la société internationale doivent théoriquement respecter. Ainsi, à l'instar du droit interne qui régit la société interne, le droit international public est censé régir la société internationale. Mais, comme dans toutes les disciplines juridiques et les autres branches du droit, le caractère obligatoire de la règle de droit international public se pose, dans les mêmes termes que ceux du caractère obligatoire du droit en général. En effet, la règle de droit doit être respectée et rendue obligatoire surtout s'il s'agit d'une règle impérative[6]. En droit interne, la règle est assortie d'une sanction qui peut notamment avoir un caractère punitif, relevant essentiellement du droit pénal. La sanction est alors prononcée par les autorités judiciaires qui statuent sur les cas et évaluent le degré de la peine en fonction de l'infraction ou du crime commis.

En droit international public, le caractère obligatoire de la règle de droit est controversé en raison de l'auto-interprétation des règles qui a une importance déterminante à l'égard des normes juridiques qui règlent les aspects les plus délicats des rapports internationaux, notamment les intérêts politiques, économiques et militaires qui sont considérés comme vitaux pour les États. Ainsi donc, dans ces domaines, les États et les groupes politiques dominants laissent la règle de droit imprécise afin de sauvegarder au mieux leurs intérêts. Par conséquent, seules les sanctions politiques et morales sont infligées. Cette situation inégalitaire résultant des rapports de force et profitant du manque de structures organisées à l'échelon mondial (autrement dit d'un pouvoir supranational) conduit les Etats et les groupes politiques les plus puissants à imposer une coercition à caractère politique, ce qui porte atteinte à l'efficacité et à l'effectivité du droit international public.

Par ailleurs, cette controverse relative au caractère obligatoire de la règle de droit en matière de droit international public provient de la difficulté de son exécution, acte par lequel on rétablit matériellement la

5- La Charte des Nations Unies.

6- Les règles impératives sont celles qui ordonnent ou interdisent une conduite sans que le sujet puisse s'y soustraire tandis que les lois supplétives, qui sont aussi obligatoires, peuvent être écartées par les sujets de droit. Elles viennent, en fait, suppléer l'absence de volonté exprimée et s'appliquer, par défaut, aux situations juridiques.

conformité à l'ordre normatif édicté par la loi. Contrairement au droit interne, il n'existe pas de force contraignante dans l'ordre international capable d'exercer les voies d'exécution. L'intérêt de ce colloque est donc d'avoir posé la question relative à l'élément indispensable à l'existence du droit international public : celle du caractère obligatoire de la règle de droit international public, qui se mesure par l'adéquation de la sanction et de la manière de l'appliquer d'une façon équitable. En effet, la réalité et la pratique des relations internationales démontre de plus en plus la subjectivité de la sanction, de son caractère aléatoire, ce qui met en cause l'existence même du droit international public.

D'une manière générale, la sanction se définit comme un acte par lequel un usage, un événement ou une action sont entérinés et qui reçoivent une sorte de validité. C'est une conséquence positive ou négative d'un comportement : une récompense accordée à ceux qui ont accompli une tâche difficile (les études scolaires ou universitaires sont sanctionnées par l'obtention d'un diplôme) ou une peine infligée à ceux qui ont transgressé une norme de quelque nature qu'elle soit (un comportement fâcheux d'un enfant, enfreignant les règles disciplinaires et de bonne conduite, peut être sanctionné par la privation d'une sortie ou d'un dessert). Cette mesure répressive évoquée dans le second cas est infligée par une autorité supérieure, reconnue et acceptée comme telle avec un effet dissuasif mais aussi de neutralisation et de prévention de nouvelles transgressions.

Ainsi, l'évolution de la société internationale, surtout depuis la création de l'Organisation des Nations Unies, va permettre au droit international public de se doter de sanctions inspirées, pour la plupart, des techniques traditionnelles utilisées pour faire fléchir les acteurs des relations internationales. Il convient donc de rappeler l'origine historique de ces sanctions pour mieux comprendre leur évolution et leur développement à l'époque contemporaine et en mesurer l'efficacité et les limites.

L'origine historique des santions internationales

Avant de devenir des mesures de sanctions circonscrites dans un cadre juridique avec l'élaboration progressive du droit international public, l'embargo -principale sanction pratiquée au cours du XXe siècle et de nos jours- est souvent confondu avec le blocus, surtout si les mesures prises à l'encontre de l'État placé sous embargo sont sévères et si elles se prolongent dans le temps. Ces pratiques peuvent s'apparenter à l'état de siège qui a vu le jour dans l'Antiquité. D'autres sanctions plus allégées, comme le boycott, ont une origine historique plus récente.

A- Les sièges

Les sièges sont des techniques militaires utilisées depuis l'Antiquité. Il s'agit d'un ensemble d'actions et de manœuvres qui permettaient de s'emparer d'une Cité, d'un château ou d'une position stratégique. Ces opérations s'accompagnaient souvent d'un blocus en vue d'affaiblir l'endroit assiégé en le coupant de l'extérieur et en l'empêchant d'avoir des munitions voire tout soutien de l'extérieur. C'est ce qui conduit certains auteurs à confondre l'état de siège avec le blocus. Les sièges ont été pratiqués, la première fois, en Mésopotamie comme l'ont démontré les fouilles archéologiques qui ont révélé la construction de murailles autour des Cités, pour assurer leur défense contre les assaillants[7].

Parmi les sièges les plus connus de l'Antiquité, nous relevons celui qui a été pratiqué par les Égyptiens à Meggido au XVe siècle avant J.-C, qui a duré sept mois avant que les habitants de cette Cité ne se rendent. Au XIVe siècle avant notre ère, le siège d'une Cité anatolienne par les Hittites avait poussé la reine à sortir de cette Cité en implorant la clémence pour son peuple. Au VIIIe siècle avant J.-C., Jérusalem fut assiégée par les Assyriens. Ce siège n'a pris fin qu'après que les Hébreux aient payé une rançon et un tribut. La Bible qui a fait état de ce siège en a mentionné d'autres, notamment dans le livre de Josué qui relate le siège de la Cité de Jéricho, ou encore les sièges pratiqués par les Nubiens contre de nombreuses cités égyptiennes. En Grèce antique, le siège de la ville de Troie raconté par Homère dans l'Iliade, a duré dix ans. Nous devons, en effet, l'appellation de la technique du siège -poliorcétique[8]- au grec ancien qui la décrit comme « un art » de guerre. En 52 avant J.-C., les Romains eurent recours à cette technique durant la bataille d'Alésia menée par Jules César. La pratique du siège fut également utilisée au Moyen-âge, notamment lors des Croisades[9] ou encore par les Mongols[10], mais aussi en Europe[11] dans les guerres internes qui étaient souvent une

....

7- En Mésopotamie, les murailles étaient construites en briques ou en pierre. Elles étaient renforcées de poutres et servaient aussi bien à défendre la Cité qu'augmenter la puissance du roi. Parmi ces murailles, celles de la Cité sumérienne d'Uruk (ce qui signifie en Sumérien « enclos ») atteignait une longueur de 9,5 Km avec une hauteur de 12 mètres. Celles de Babylone avaient une grande réputation. Elles ont été mentionnées dans la Bible. En Anatolie, les Hittites avaient également entouré leurs cités de murailles impressionnantes.

8- Poliorketikos, en Grec.

9- Siège de Jérusalem (1099), siège de Château-Gaillard (1203-1204).

10- Sièges pratiqués par Gengis Khan contre les cités chinoises. L'une des techniques pratiquées par les Mongols consistait à catapulter les cadavres des victimes de la peste afin d'infecter les habitants des cités assiégées lors de la récupération des corps de leurs défunts. La maladie se propageait alors dans la ville, ce qui la rendait vulnérable donc plus facilement conquise.

11- Siège de Pouancé (1432).

succession de sièges et de saillies[12]. Le plus long siège de l'histoire est celui pratiqué par les Ottomans à Candie qui a duré deux décennies[13].

Les techniques de siège ont évolué durant l'histoire avec le développement des outils et des armes de guerre. Initialement, cette pratique consistait à mettre le siège[14] et attendre la reddition des ennemis encerclés, avant l'introduction d'un matériel en vue de détruire les murailles et pénétrer dans les cités. Parmi ces modalités, nous signalons « le Bélier », utilisé depuis la Grèce antique. Il consistait à faire balancer une tête de métal accrochée à une poutre de bois afin d'ouvrir les brèches dans les murailles qui pouvaient être ensuite enflammées. Pour se protéger contre cette technique, les défenseurs blindaient les tours de leurs murailles par des plaques de fer ou des revêtements en cuir[15]. Une autre technique consistait à saper la base des murailles en construisant un tunnel ou une tranchée qu'on remplissait de paille, de bois ou de l'huile afin d'y mettre le feu et faire ainsi éclater les pierres des édifices. Ce procédé s'accompagnait d'escalade, répandue au Moyen-âge : on escaladait les murailles fragilisées à l'issue d'une trahison ou d'une attaque surprise.

Plus tard, à partir du XIVe siècle, l'apparition de l'artillerie, avec les canons à boulets de pierre, bouleversera les techniques du siège. L'augmentation de l'épaisseur des murailles ne suffisait plus pour augmenter la résistance aux attaques. Il fallait prévoir des modalités de contre – attaque par des tirs d'artillerie. Au XVIIe et XVIIIe siècles, Vauban fortifiera les villes en France en les dotant d'une « ceinture de citadelles » (ou « ceinture de fer »), à l'instar de la citadelle de Besançon[16]. L'usage des canons durant les guerres de la Révolution française, y compris celles entamées par Napoléon, réduiront l'efficacité des fortifications. Les murailles seront remplacées par des tranchées. Les techniques de siège diminueront à la fin du XIVe siècle et au début du XXe siècle. Durant la Seconde Guerre mondiale, on notera le siège effectué lors de la bataille de Bir Hakeim, en 1942. D'autres sièges ont

12- À la Renaissance, la pratique des sièges conduisait les villes et les châteaux à renforcer leurs fortifications. La renommée de Léonard de Vinci proviendrait en grande partie des plans de fortification qu'il avait dessinées.

13- 1648–1669.

14- Cela consistait à cerner la Cité ou l'endroit assiégé pour empêcher toute entrée ou sortie par circonvallation. Parallèlement, les assaillants coupaient tous les ravitaillements, limitaient les conditions d'hygiène en empoisonnant notamment les cours d'eau qui alimentaient les cités, etc.

15- On peut rapprocher la technique du Bélier à celle du « Chat » ; s'agissant d'un engin disposé sur une roue afin de saper les bases des murailles. Ou encore, de la baliste consistant à projeter des pierres pour détruire les murailles.

16- Les fortifications défensives de Vauban sont classées Patrimoine mondial de l'Humanité par l'UNESCO.

été pratiqués notamment à Sabra et Chatila en 1982, au Liban, ou encore plus récemment au cours des guerres actuelles du Moyen - Orient.

B- Le blocus

Le blocus est confondu très souvent avec l'embargo alors qu'il se rapproche plutôt du siège dans la mesure où il constitue une opération de guerre visant à empêcher tout échange entre l'endroit où il est effectué et le reste du monde. Il a pour objectif d'étouffer cet endroit et de l'obliger à capituler. Cette technique a été utilisée depuis l'Antiquité, parfois parallèlement au siège et la plupart du temps contre une frontière maritime car le contrôle d'une frontière terrestre est plus difficile à effectuer. Il dégénérait rapidement en guerre. Parmi les blocus les plus connus de l'Antiquité, on peut citer celui de la Cité dé Tyr, en Phénicie. Ce blocus lui a été infligé durant plusieurs mois par Alexandre le Grand. De même, on peut citer celui qui a été pratiqué par les Spartiates au cours de la guerre du Péloponnèse[17] à l'encontre d'Athènes qui avait réussi à subsister grâce à la nourriture importée par la mer, ce qui avait conduit les Spartiates, à l'issue de la bataille d'Ayios Potamos, à bloquer cette cité par la mer afin qu'elle se rende.

Plus récemment, entre 1394 et 1402, les Ottomans avaient effectué un blocus contre Constantinople avant de l'attaquer. En Europe, sous le Premier Empire, Napoléon adopta une politique visant à ruiner le Royaume-Uni en l'empêchant de commercer avec le reste du contient. Il s'agissait alors du « Blocus continental » qui a considérablement déséquilibré l'économie britannique et créé des désordres sociaux internes en Grande Bretagne. Néanmoins, cette situation a conduit à l'effondrement militaire de la France. Ce blocus mérite d'être détaillé car il explique, d'une part, les modalités d'exercice de cette pratique et démontre, d'autre part, ses limites et les risques qu'elle comporte pour la partie qui l'exerce.

En mettant l'Angleterre sous blocus, Napoléon voulait fermer le continent à la Grande Bretagne pour l'obliger, par la banqueroute, à demander la paix. Mais, en réalité, cette initiative a été prise par les Anglais, le 21 novembre 1806, lorsqu'ils déclarèrent mettre les côtes françaises sous blocus[18]. C'est donc, en réponse à cette déclaration que Napoléon prit un décret à Berlin, le 21 novembre 1806, suivi d'un autre décret, le 23 novembre 1807 à Milan, déclarant le blocus et ordonnant la saisie des navires ayant touché un port d'Angleterre. Un mois plus tard, le 17 décembre 1807, il ordonna la saisie de tout bâtiment qui se serait conformé aux ordres anglais, ce qui provoqua la fermeture totale du continent aux Anglais.

....

17- 431-404 avant J.-C.

18- Notamment tous les ports entre Brest et Hambourg.

Néanmoins, ce blocus a entraîné le développement de la contrebande avec la complicité des consuls et des douaniers français. Les marchandises anglaises s'introduisaient par ce biais, à travers les ports de Salonique, Göteborg et Hambourg sur le continent. On assistait ainsi à des contre – mesures, de part et d'autre, notamment dans les endroits sous influence française ou anglaise dans le monde. Il est certain qu'en 1811, les Anglais ont été très touchés par ce blocus qui leur a provoqué une inflation importante, une baisse de la Livre, une augmentation des prix, une baisse des salaires entraînant des émeutes ouvrières. Mais la France n'en est pas sortie indemne, avec des difficultés économiques, une augmentation du prix du pain, etc...

D'une opération militaire, le blocus a donc pris, au début du XIXe siècle, un caractère économique. C'est ainsi et dans cet objectif que cette mesure a été, depuis, maintenue : blocus de San Juan (Porto Rico) durant la guerre hispano – américaine, blocus du Vénézuela en 1902 et 1903 pratiqué par la Grande Bretagne, l'Allemagne et l'Italie, blocus de l'Allemagne au cours de la Première Guerre mondiale effectué par la Royal Navy, blocus du Royaume- Uni par l'Allemagne en 1939 – 1940 effectué par les Allemands, blocus du Japon par les Américains, blocus de Cuba lors de la crise des missiles, blocus égyptien du détroit de Tiran préalablement à la crise du canal de Suez et durant la guerre des Six jours, le blocus actuel de Gaza et des territoires palestiniens effectué par Israël. Nous reviendrons sur ces aspects dans nos développements ultérieurs[19].

C- Les embargos

L'embargo est défini originellement comme étant la défense faite par un gouvernement de laisser partir des navires étrangers qui sont dans ses ports[20]. Considéré comme un moyen de régler les rivalités commerciales entre les États, il s'exerçait principalement contre les navires marchands, empêchant la libre circulation de marchandises ou d'objets. L'origine étymologique de cette pratique vient de l'espagnol « embargar », ce qui signifie « embarrasser » ou « mettre sous séquestre ». Progressivement, l'embargo revêtit le caractère d'un blocus, surtout lorsqu'il se prolongeait et devenait, de ce fait, une mesure annonciatrice de guerre, en interrompant l'ensemble des relations économiques et financières de l'endroit placé sous embargo et en exerçant une pression économique étouffante sur lui. L'embargo s'apparente ainsi à l'état de siège[21] et devient une mesure coercitive contre l'État contre lequel cette mesure est appliquée. Cet État se trouvera ainsi dans une situation précaire.

....

19- Voir II.

20- Définition du « Littré ».

21- Voir les développements précédents (A).

Cette pratique exercée sous cette appellation (embargo), depuis le le XVIIIe siècle, prendra sa dimension actuelle au XXe siècle, à l'occasion de l'adoption des lois sur l'embargo par les États - Unis. Il s'agissait d'une série de lois adoptées par le Congrès[22], en 1807, à l'initiative du Président Thomas Jefferson qui souhaitait sauvegarder la neutralité de son pays dans les guerres napoléoniennes, en essayant de maintenir les voies maritimes ouvertes face aux attaques des corsaires et des pirates. Ces lois interdisaient alors à tous les bateaux étrangers d'entrer ou de sortir des ports américains. La pratique de l'embargo, voire sa terminologie, n'ont pas arrêté d'évoluer au cours de l'histoire. Non seulement les embargos ont progressé avec un large éventail de procédés, mais leur appellation s'applique à d'autres secteurs. Ainsi, en journalisme, l'embargo désigne la défense de diffuser une information avant une date ou une heure déterminée. Selon les règles déontologiques régissant la profession des avocats, appliquées dans la plupart des barreaux, l'embargo est le refus des avocats de s'occuper d'une affaire ou d'un dossier entamé par un confrère et transmis à un successeur, tant que les honoraires du premier n'ont pas été soldés.

D'une mesure administrative ou militaire visant à empêcher la libre circulation d'une marchandise ou d'un objet, pratiqué originellement dans les échanges maritimes, l'embargo a ainsi évolué pour devenir, dès l'aube du XXe siècle, une mesure coercitive institutionnalisée progressivement par le Pacte de la Société des Nations, ensuite par la Charte des Nations Unies. Il sera donc effectué d'une manière multilatérale après avoir constitué au XVIIIe et XIXe siècles, une manœuvre unilatérale, empêchant les citoyens et les entreprises d'un pays de faire des opérations commerciales avec un pays tiers, tant pour donner que pour recevoir.

D- Le boycott

Le boycott ou boycottage est le refus délibéré d'acheter des marchandises et des produits à un pays[23], d'entretenir des relations économiques, culturelles et sociales avec lui, ou de participer à un événement public, afin de lui infliger un dommage financier et/ou moral, d'exercer des représailles ou de faire pression sur lui. Bien que le nom « boycott » ait apparu au XIXe siècle, cette pratique a été utilisée avant cette date sous forme de blocus exercé dans plusieurs objectifs, notamment politiques, culturels, moraux... En effet, en 1790, un mouvement anti-esclavagiste en Grande Bretagne lança une campagne pour faire renoncer le consommateur britannique à acheter du sucre en provenance des Antilles, produit par des esclaves, au profit du sucre en

....

22- Embargos Acts.

23- Mais aussi à une entreprise ou à un individu.

provenance de l'Inde. À la même époque, durant la révolution américaine à la fin du XVIIIe siècle, les colons d'Amérique du nord faisaient pression sur leur métropole en « boycottant » les marchandises anglaises. En 1837, les nationalistes québécois invitaient leurs concitoyens à faire de même afin d'exercer une pression sur la Grande Bretagne et obtenir l'indépendance du Québec.

Mais il a fallu attendre 1879 pour que cette pratique acquiert son étymologie, du nom d'un capitaine irlandais, Charles Cunningham Boycott, qui traitait mal ses paysans et fermiers dans le Comté de Mayo. Afin de le faire céder et changer d'attitude, la Ligue agraire irlandaise, dirigée alors par Charles Parnell, appela ces fermiers à ne plus acheter les produits appartenant à leur patron. Depuis, cette pratique s'est multipliée avec son nom emprunté à ce propriétaire terrien irlandais. Sous l'empire des Tsars, l'Union Générale des Travailleurs Juifs lança un boycott des cigarettes d'une usine de tabac appartenant à Fajwel Janovski, de confession juive, qui avait licencié une quarantaine de filles juives. Grâce à ce boycott, Jonovski céda et réembaucha ces femmes. En 1930, Ghandi lança un boycott sur l'impôt relatif au sel à l'encontre de la Grande Bretagne.

Quelques années plus tard, en 1933, les Allemands lançaient une campagne de boycott des produits fabriqués et/ou commercialisés par les Juifs. Dans les années 70, une politique de boycott a été lancée contre l'Afrique du Sud afin de l'amener à mettre fin à l'Apartheid. Les pays arabes lancèrent une politique de boycott des produits israéliens, à l'issue de la guerre qui les opposa à l'État hébreu. Le boycott est également considéré comme une sanction exercée, d'une manière concertée, par une catégorie de consommateurs lorsque les voies classiques des sanctions ne parviennent pas à faire fléchir les attitudes politiques ou militaires de certaines puissances. L'appel au boycott est favorisé, de nos jours, par les réseaux sociaux et la toile internet.

L'évolution des sanctions à l'époque contemporaine

Traditionnellement et avant le développement et l'institutionnalisation du droit international public avec la SDN puis l'ONU, les sanctions étaient pratiquées unilatéralement par des États lésés à l'encontre des États considérés par eux comme étant des États « agresseurs », sous forme de représailles ou de prise de mesures de rétorsion. Il s'agissait d'une forme de vengeance privée qui fut légitimée par le droit classique, dans la mesure où il n'existait pas d'autres moyens de faire respecter le droit[24]. Actes de guerre, les représailles sont théoriquement contraires au

24- Georges SCELLE, *Traité élémentaire de droit international public*, Domat – Monchrestien, 1943.

droit international bien qu'elles entendent constituer une réaction des États lésés face à un acte effectué par un ou de plusieurs États, considéré comme illicite[25].

Néanmoins, avec l'institutionnalisation du droit international public, ce dernier considéra que ces mesures[26], originellement illicites, pouvaient devenir licites si elles n'incluent pas le recours à la force, dans la mesure où elles combattent un acte illicite antérieur. Dans la même optique, les mesures de rétorsion (ou contre - mesures) étaient également considérées comme étant licites car elles ne comportent pas d'usage de la force et puisqu'elles répondent à des actes, aux - mêmes licites mais inamicaux, commis par l'État qu'elles visent. Il a fallu attendre la création de la Société des Nations mais surtout l'Organisation des Nations Unies pour que ces méthodes soient catégoriquement proscrites et aboutir à des sanctions institutionnalisées.

A- L'institutionnalisation des sanctions internationales par la SDN

Dans son programme de paix constitué de 14 points[27], le Président américain, Woodrow Wilson, considéra les embargos comme une pratique acceptable, voire comme un substitut de guerre. Lors des négociations du traité de Versailles en 1919, il souligna : « *celui qui choisit cette mesure économique, pacifique, calme et fatale, n'aura pas à recourir à la force. Ce n'est pas une mesure aussi terrible. Elle ne sacrifie pas une seule vie à l'extérieur du pays exposé au boycott, mais elle impose à ce pays une pression à laquelle, à mon avis, aucune nation moderne ne peut résister* ».

C'est ainsi que l'article 16 du Pacte de la Société des Nations, établi à l'issue de la Conférence de Versailles du 28 avril 1919, stipula que « *si un membre de la SDN a recours à la guerre contrairement à ses engagements, il est de facto considéré comme ayant commis un acte de guerre contre tous les autres, et ceux - ci s'engagent à rompre avec lui toutes relations commerciales ou financières, à interdire tous rapports entre leurs nationaux et ceux de l'État en rupture du Pacte et à faire cesser toutes communications financières, commerciales ou personnelles* ». Cet article a ainsi prévu des sanctions économiques et financières dans le cadre d'une opération collective des membres de la SDN. Par conséquent, les sanctions unilatérales devenaient illicites.

....

25- En 1898, l'Institut de Droit International a condamné ces actes en les considérant comme une mesure anticipatrice de guerre. De même, la Convention de La Haye de 1909 disposait que, même en cas de conflit armé entre deux États, les navires de commerce ne doivent pas être mis en cause.

26- S'agissant de blocus ou d'embargo.

27- Présentés dans son discours du 8 janvier 1918.

À l'instar de la Charte des Nations Unies[28], le Pacte de la SDN a accordé au Conseil de cette organisation la faculté d'apprécier l'opportunité d'aménager, de poursuivre ou de mettre fin aux sanctions édictées. Ces dernières devaient respecter le principe de proportionnalité et observer notamment des circonstances atténuantes afin de faire éviter aux populations des États sanctionnés de subir de lourdes conséquences en raison de ces mesures. Une sentence arbitrale rendue le 31 juillet 1928 relative à l'affaire Naulilaa souligna à ce propos que « *le nombre restreint des victimes d'un incident armé ne pouvait justifier les six actes de représailles qui l'ont suivi*[29]*. Elles devaient être ajustées à l'infraction commise dans sa rigueur et sa durée d'application* ».

De même, du temps de la SDN, il a été précisé que les États tiers ne devaient pas subir de préjudice du fait des sanctions mis en place (embargos ou blocus)[30]. Malgré ces principes, la Société des Nations s'est avérée incapable d'appliquer des sanctions d'une manière objective à l'encontre de tous les pays qui commettaient des actes illicites, en raison de l'influence des Grandes Puissances en son sein. Les embargos et les blocus n'ont été appliqués qu'occasionnellement à l'encontre de petits États, militairement faibles ou décadents comme la Hollande, la Turquie, le Portugal, la Grèce, le Monténégro, le Mexique, l'Argentine, le Brésil, le Nicaragua, la Colombie, la Chine et le Siam[31]. L'échec de la Société des Nations est d'ailleurs dû à cette attitude des Grandes Puissances qui a paralysé cette organisation rendue complètement inefficace. Il a donc fallu attendre la fin de la Seconde Guerre mondiale pour que la pratique des sanctions multilatérales soit utilisée d'une manière plus efficace.

B- Les sanctions sous l'ONU et les organisations régionales

L'article 2 alinéa 4 de la Charte des Nations Unies a interdit le recours à la force armée dans les relations internationales, à l'exception de la légitime défense exercée à titre provisoire en attendant que « *le Conseil de sécurité ait pris les mesures nécessaires* ». Ce principe a été confirmé par de très nombreuses résolutions, notamment la résolution 2625 (XXV) du 24 octobre 1970 qui dispose qu'« *aucun État ne peut appliquer ni encourager l'usage de mesures économiques, politiques ou de toute autre nature pour contraindre un autre État à subordonner l'exercice de*

....

28- Voir les développements ultérieurs.

29- Il s'agissait d'une série de six mesures de sanctions.

30- Une sentence arbitrale dans l'affaire CYSNE (Portugal/Allemagne), du 30 juin 1930, a confirmé ce principe.

31- À titre d'illustration, les sanctions prises à l'encontre de l'Italie, en application de l'article 16 du Pacte de la SDN, n'ont été édictées que d'une manière tardive avec un contenu limité et durant une courte période (du 18 novembre 1935 au 15 juillet 1936), grâce à la France et malgré l'insistance de la Grande Bretagne. Voir à ce propos G.M. GATHORNE – HARDY, *Histoire des événements internationaux de 1920 à 1939*, P.T.J.F, 1946.

ses droits souverains et pour obtenir de lui des avantages de quelque ordre que ce soit ». Par conséquent, le droit international public post-SDN a confirmé l'illégalité des mesures de représailles, voire de rétorsion ainsi que les contre – mesures.

À l'instar du Pacte de la Société des Nations, la Charte des Nations Unies autorisera les sanctions multilatérales selon le concept de la sécurité collective qui prône le règlement pacifique des différends entre les États, en répondant au principal objectif des Nations unies qui est celui de la prévention de la guerre et le maintien de la paix et de la sécurité internationales. Cela ressort dès l'article 1er alinéa 1 de la Charte qui prévoir la possibilité de « *prendre des mesures collectives efficaces en vue de prévenir et d'écarter les menaces à la paix* ». L'article 41 de la Charte[32] explicitera ces « *mesures collectives et efficaces* » évoquées dans l'article 1er, permettant d'atteindre les objectifs de l'organisation mondiale et figurant dans le préambule de la Charte. Néanmoins, aucune disposition de cette dernière ne comporte le terme « sanctions »[33].

La Charte des Nations Unies, prévoyant et donnant la priorité au règlement pacifique des différends entre États, ce n'est qu'en cas d'échec de ces mécanismes mis en œuvre à cet effet que le recours aux modalités prévues dans le chapitre VII devient possible, en cas de « menace contre la paix, de rupture de la paix et d'acte d'agression ». Il s'agit donc de faire pression sur l'État ou l'entité qui a commis un acte internationalement illicite afin qu'elle modifie ce comportement. Après avoir rappelé l'objectif de ces mesures et les faits générateurs susceptibles de les déclencher, le chapitre VII de la Charte accordera un rôle au Conseil de sécurité en la matière. Ainsi, ce dernier, après avoir constaté l'existence d'une menace contre la paix, d'une rupture de la paix ou d'un acte d'agression, peut inviter les parties intéressées à se conformer aux mesures provisoires qu'il juge nécessaires ou souhaitables afin d'empêcher la situation de s'aggraver; décider en cas de défaillance dans l'exécution de ces mesures provisoires, d'autres mesures n'impliquant pas l'emploi de la force armée qui doivent être prises pour donner effet à ses décisions et inviter les membres des Nations Unies à les appliquer; entreprendre toute action qu'il juge nécessaire au maintien ou au rétablissement de la paix et de la sécurité, avec une intervention internationale, s'il estime que les mesures sont inadéquates.

32- Voir le Chapitre VII de la Charte des Nations Unies.

33- Les dispositions de la Charte mentionnent des « mesures » ou des « actions ». Le terme « sanctions » ne sera utilisé que par la doctrine.

Avant d'arriver à cette dernière ultime solution[34] -celle de l'usage de la force qui est catégoriquement prohibé[35]-, il est donc prévu la possibilité au Conseil de sécurité d'entamer des mesures diplomatiques ou économiques : embargos sur les exportations d'armes, gel des avoirs financiers, interdiction de voyager, embargos sur les échanges économiques, interruption totale ou partielle des relations économiques, des communications ferroviaires, aériennes, maritimes, postales, radios, rupture des relations diplomatiques, etc... Telles sont les mesures que la doctrine désigne par « sanctions » ou, communément, « embargos », « blocus » voire « boycott. Le thème général de ce colloque « *Embargos et sanctions internationales* » illustre cette confusion terminologique. En effet, les embargos sont des mesures économiques et commerciales, faisant partie des sanctions internationales qui peuvent être prises, d'une manière multilatérale, à l'encontre des États ou des entités qui ont commis un acte internationalement illicite. Le degré de ces mesures et leur ampleur appellera une terminologie soit plus rigoureuse (blocus)[36], soit plus souple (boycott)[37] dont les origines remontent à l'antiquité[38].

Il existe donc d'autres sanctions internationales que les trois mesures évoquées dans les développements précédents ou que les mesures coercitives exceptionnelles qui peuvent être prises par le Conseil de sécurité des Nations Unies :

- les sanctions sportives ou culturelles qui ont un caractère symbolique certes mais qui permettent d'exprimer une désapprobation surtout quand il est difficile, pour des raisons politiques, de prendre d'autres mesures[39].
- Des sanctions diplomatiques contre des personnalités politiques : interdiction de leur octroyer des visas, exclusion de la possibilité d'exercer des activités dans les instances internationales[40]. Ces sanctions sont soit générales, s'appliquant à l'encontre de l'ensemble des dirigeants d'un pays, ou ciblées, visant le déplacement d'une certaine catégorie d'individus[41].

....

34- Cette solution découle notamment des dispositions de l'article 45 de la Charte. Elle vise à amener l'État qui commet un acte illicite à respecter la légalité internationale.

35- Voir supra. L'article 2 alinéa 4 de la Charte illégitime le recours à la force dans les relations internationales.

36- Blocus contre l'Irak, contre Gaza, contre la Libye exercé en 2011.

37- Boycott de la Grande Bretagne à l'occasion de l'épidémie de la « vache folle ».

38- Voir supra.

39- On peut citer à ce propos l'Afrique du sud, Israël, etc.

40- Contre les Talibans, en 1999, avec la réduction de leur représentation diplomatique (celle de l'Afghanistan dans le monde).

41- Ces mesures ont été appliquées à l'encontre de l'UNITA en Angola en 1997 ainsi qu'à l'encontre de la junte militaire de la Sierra Leone, en 1998.

Dans le même ordre d'idées relativement aux mesures ciblées, on peut citer le blocage des avoirs de certaines personnes, y compris les transactions bancaires qu'elles se voient interdites d'effectuer. En guise de conclusion de ce paragraphe, il convient de souligner que non seulement le Conseil de sécurité des Nations Unies édicte des sanctions mais également d'autres organes de l'organisation mondiale, à l'instar de l'Assemblée générale, notamment à l'occasion de l'exclusion d'un membre de l'organisation, ou encore la Cour Internationale de Justice à qui il arrive parfois de condamner des États ou des entités internationales pour violation de leurs obligations. Il arrive aussi parfois à l'Organisation Internationale du Commerce (OMC) de prononcer certaines sanctions.

L'imbroglio d'édiction des sanctions internationales et la dérive de cette matière provient également de l'émergence et de l'accroissement des sanctions prises par d'autres organes internationaux à l'instar de l'Union européenne, l'Organisation de l'Unité Africaine (OUA), la Ligue arabe, l'OTAN, l'Organisation Internationale de la Francophonie (OIF), la Croix rouge internationale (CICR), le Conseil de paix et de sécurité de l'Union africaine ainsi que par d'autres organisations non-gouvernementales qui s'érigent un pouvoir sur la scène internationale et qui font de l'ombre à l'ONU, offrant ainsi un nouveau ballet international.

Conclusion

La pratique des relations internationales a démontré une évolution des sanctions adoptées, surtout depuis l'effondrement de l'Union soviétique et la fin de la guerre froide. Plus d'une dizaine de sanctions ont aussitôt été prises, à la fin du XXe siècle, profitant de cette nouvelle ère, en l'absence de véto utilisé autrefois par l'Union soviétique au sein du Conseil de sécurité à l'époque de la bipolarisation[42] et qui permettait, en effet, un équilibre lors du processus d'adoption des sanctions. Cela donnait une dimension équitable voire légale aux mesures adoptées par les Nations unies, à l'instar de celles visant l'Afrique du sud en 1977 lorsqu'elle menait des opérations militaires en Angola ou encore lors de l'embargo sur l'Irak à l'issue de son invasion du Koweït en 1990. Les embargos ciblés concernant la vente d'armes revêtait ainsi un aspect licite. Néanmoins, la recrudescence des mesures de sanction depuis la

....

42- Entre 1990 et 2000, on peut dénombrer les sanctions suivantes : contre l'Irak en 1990, contre l'ex-Yougoslavie (1991), contre la Fédération de Yougoslavie (1992), contre la Libye (1992), contre la Somalie (1992), contre Haïti (1993), contre l'UNITA (1993), contre le Rwanda (1994), contre les Serbes de Bosnie (1994), contre le Soudan (1996), contre le Sierra Léone (1997), contre la République fédérale de Yougoslavie (1998), contre les Talibans (1999), contre l'Érythrée et l'Éthiopie (2000), contre la République fédérale de Yougoslavie (contre les armes) en 1998...

chute du mur de Berlin et leur dérive, dans la mesure où la pratique de l'embargo global devient un moyen d'asphyxier certains Etats et ne cache pas la volonté délibérée de les déstabiliser dans un objectif purement politique, a conduit la doctrine non seulement à critiquer le régime des sanctions internationales mais à les réprouver et à s'interroger sur leur fondement juridique.

Comme il a été démontré dans les développements précédents[43], la prérogative de prise de sanctions a été attribuée, depuis l'établissement de la Charte des Nations Unies, au Conseil de Sécurité de cette organisation. Or, la prise de décisions au sein du Conseil est l'otage du droit de véto exercé par les cinq membres permanents de cet organe. Par conséquent, l'adoption de résolutions, notamment celles qui décident de la prise de mesures de sanctions, est le fruit de tractations politiques entre ces cinq pays. Cependant, après l'effondrement de l'Union soviétique, la Russie, héritière de ce dernier, était préoccupée par ses problèmes internes et n'a commencé à recouvrir sa puissance, notamment diplomatique et politique, que très récemment. La Chine misait sur son expansion économique et commerciale et craint, en faisant usage de son droit de véto, qu'on lui reproche des atteintes internes aux droits de l'Homme. La Grande Bretagne soutient traditionnellement les États-Unis pour constituer avec eux une puissance anglo-saxonne. Quant à la France, elle subissait la pression de ses partenaires avant de devenir totalement atlantiste depuis Nicolas Sarkozy. Par conséquent, les États-Unis se sont érigés comme une superpuissance, ce qui leur a valu le surnom de « gendarme du monde ».

La prise de sanctions par l'intermédiaire du Conseil de sécurité des Nations Unies est donc devenue totalement désuète, soumise à l'opportunisme politique[44] et la prédominance des Etats – Unis. L'ancien

....

43- Voir supra (II).

44- L'embargo décrété contre la Libye à l'issue de l'attentat de Lockerbie l'avait clairement démontré. Cette mesure a été prise contre ce pays pour un acte de terrorisme imputé à deux de ses citoyens, avant même que la preuve de leur implication dans cet acte n'ait été prouvée. Et pourtant, la Libye avait demandé de déférer cette affaire à la CIJ afin qu'elle soit examinée et que les investigations puissent incriminer ou mettre hors cause l'État libyen. En cas d'incrimination de cet État, signataire des conventions de Tokyo (1963), de La Haye (1970) et de Montréal (1971) -ces conventions prévoyant et sanctionnant le terrorisme contre les aéronefs-, la prise de sanctions aurait été parfaitement légitime. Or, sous la pression des États – Unis, le Conseil de sécurité des Nations Unies a court-circuité ce processus. La CIJ a été dessaisie au profit du Conseil de sécurité qui avait pris des sanctions mettant sous embargo la Libye durant plusieurs années. Malgré la demande officielle formulée par cinq grandes organisations régionales représentant la majorité des États membres de l'ONU (la Ligue arabe, l'Union du Maghreb arabe, l'OUA, la Conférence islamique, le Mouvement des non-alignés), ces mesures n'ont été levées qu'en 2003 lorsque ce pays a accepté d'imputer la responsabilité de ses représentants dans la destruction de l'appareil de la compagnie Panam au – dessus de

Secrétaire général des Nations Unies qui préside ce colloque, Monsieur Boutros Boutros-Ghali, soucieux de donner plus d'indépendance à cette organisation mondiale et la soustraire à l'hégémonie politique, notamment celle des États-Unis, ce qui l'avait empêché d'être réélu Secrétaire général[45], signala dans son « *Agenda pour la paix* » que les mesures prévues par l'article 41 de la Charte ne doivent pas avoir pour objet de punir un Etat mais de modifier un comportement d'une partie qui menace la paix et la sécurité internationales. Il préconisa, avec insistance, de régler pacifiquement les différends, notamment par la saisine de la Cour Internationale de Justice, permettant de respecter d'une manière objective le principe de proportionnalité de la sanction à l'infraction. Monsieur Boutros Boutros-Ghali rappela aussi le caractère inhumain des sanctions prises à l'encontre de l'Irak où la population civile a été principalement victime de l'embargo global dont ce pays a fait l'objet.

L'escalade des mesures punitives contre le régime de Saddam Hussein a transformé l'embargo en blocus. Il en a été de même pour les autres embargos qui ont revêtu la forme d'une véritable guerre économique dont l'objectif, pour celles qui sont pratiquées au Moyen-Orient, de réorganiser géopolitiquement et géostratégiquement cette région conformément aux intérêts américains. Il n'est d'ailleurs pas inutile de rappeler à ce propos que les États – Unis ont toujours fait usage de leur véto au sein du Conseil de sécurité des Nations unies pour empêcher l'adoption de résolutions contre Israël, pays traditionnellement allié de Washington, malgré ses violations répétitives du droit international public et sa commission de crimes de guerre. Ce sentiment d'injustice, ces « deux poids, deux mesures » instaurées par le Conseil de sécurité des Nations Unies, l'impunité de certains pays à l'instar des États-Unis qui s'érigent le droit de dresser, par l'intermédiaire de leurs institutions internes (le Congrès et le Département d'État américain), une liste d'États « terroristes » alors qu'ils se permettent insidieusement d'alimenter les mouvements terroristes dans le monde, discréditent aussi

Lockerbie, en Écosse en 1988, ainsi que de l'appareil de la compagnie UTA, en 1989, au – dessus du Niger; mais aussi son acceptation de payer une indemnité à chacune de ces compagnies.

45- En 1993, lors de l'opération de l'armée israélienne au Sud-Liban, appelée « raisins de la colère », au cours de laquelle l'armée du Tsahal a commis le massacre de la ville de Cana et bombardé des positions des Nations Unies, Monsieur Boutros Boutros-Ghali a tenu à condamner ces actes par écrit. Le Secrétaire d'État américain de l'époque, Madeleine Albright, l'interdit formellement de le faire et de se contenter d'une déclaration verbale. Son refus de se soumettre à sa demande lui a valu les foudres des États – Unis et la campagne du Secrétaire d'État américain afin de l'empêcher de briguer un second mandat. Monsieur Boutros-Ghali disait à ce sujet : « *les Américains ont voulu de moi un secrétaire. Je me suis érigé en général...* »

bien le Conseil de sécurité que les Nations Unies. Cela met en cause le droit international public dans la mesure où, pour que la règle de droit puisse réellement exister, elle devra être obligatoire. Par conséquent, sa violation devra conduire à une sanction. Or, la sanction doit être effectuée par une autorité neutre, acceptée par la communauté. Ainsi donc, si la communauté internationale ne reconnaît et n'accepte plus l'autorité de l'organe censé faire respecter la légalité, la norme perd sa raison d'être.

Enfin, il convient de relever le caractère illicite que les embargos prennent de plus en plus, revêtant la forme de véritables représailles économiques dans l'objectif de déstabiliser certains pays, en s'appuyant sur la machine onusienne prise en otage par l'opportunisme politique. De même, nous ne pouvons que contester le fondement et la légalité des contre - mesures unilatérales qui affectent la souveraineté des États tiers[46]. La récente affaire BNP – Paribas l'a bien démontré. Cette dérive de la pratique des sanctions internationales, revêtant le caractère de représailles prises récemment à l'encontre de la Russie, dans cette nouvelle « guerre froide », conduira-t-elle à une mutation de ce régime avec un nouvel équilibre international ?

....

46- Voir à ce propos notre article « Les sanctions extra-territoriales et l'indépendance des États - tiers » in *Géostratégiques,* n° 40, p. 71, Paris, 2013.

Les sanctions internationales : une arme de guerre

ANNE-MARIE LIZIN[1]

Résumé

La tentation de faire des sanctions internationales une arme de guerre n'est pas nouvelle, surtout depuis la fin de Guerre Froide, avec l'espoir d'une baisse à la course aux armements. L'utilisation des sanctions camoufle parfois le fait que l'on a l'intention d'entrer en guerre si bien que l'on peut même parler d'arme de pré-guerre et rappelle d'autre part que c'est le rapport de force qui prime entre Etats davantage que la coopération ou la recherche du consensus, malgré l'égalité formelle au sein d' instances ou organisations internationales.

Abstract

The temptation to use international sanctions as a weapon of war is not new, especially since the end of the Cold War, with the hope of a fall in the arms race. The use of sanctions sometimes obscures the fact that we intend to go to war so that we can even talk about pre-war weapon and further recalls that it is the balance of power that prevails between states more than cooperation or consensus, despite formal equality within instances or international organizations.

....

1- Ancienne secrétaire d'Etat aux Affaires européennes, experte associée à l'IPSE.

Si les analyses juridiques sont souvent extrêmement intéressantes et pertinentes, notamment pour ce qui a trait aux sanctions internationales, il est également toujours utile de réexpliquer la relativité de leur influence, et à quel point parfois la réalité peut être bien éloignée d'un certain nombre de certitudes. Afin d'illustrer mon propos, je me contenterai de quelques exemples.

Le premier concerne la Belgique, qui a condamné en juillet 2012, au titre d'une loi antiterroriste restrictive, mais toutefois moins qu'aux États-Unis, un citoyen belge, M. Ayachi, devenu entretemps l'idole des rebelles à Idlib, en Syrie. Doté d'un avocat efficace, il fit appel de la décision l'ayant condamné à huit ans de prison sur base de la loi antiterroriste. Au moment de comparaitre en appel, il a répondu par téléphone depuis la ville syrienne d'Idlib que bien entendu, maintenant qu'il commandait cinq bataillons il n'avait pas le temps de venir participer à cette « plaisanterie » devant la justice de son pays. Ceci démontre évidemment les limites de l'influence judiciaire, puisque condamné, et ayant fait appel, il devient parallèlement une sorte d'idole du djihad, dont la justice ne connait d'ailleurs pas les moyens de financement. Il y a là quelque chose d'absolument ingérable dans le cadre de la logique juridique de plusieurs pays occidentaux

Le second exemple porte sur la Russie, qui a décidé d'établir une liste de personnes qui sont bannies d'accès à son territoire, au titre de leur comportement en matière de droits de l'homme, notamment les généraux américains, directeurs de Guantanamo. Rapportrice pendant cinq ans à l'O.S.C.E sur la prison de Guantanamo, je peux affirmer que Moscou aura bien du travail en matière d'interdiction de circulation, tant la rotation des responsables militaires de cette prison a été énorme en 13 ans.

Pour expliquer l'état des relations internationales aujourd'hui, dans le cadre qui nous intéresse, a savoir l'apparition de mécanismes de sanctions concrètes décidées par le Conseil de sécurité des Nations-Unies, il faut rappeler que l'O.N.U a vécu un énorme bouleversement dans ses relations internes au moment de la disparition de l'U.R.S.S en 1990. À partir de ce moment, effectivement, les États-Unis et leurs alliés européens auxquels il faut ajouter la Turquie, se sont trouvés libres d'agir, libres de faire adopter au Conseil de sécurité, les résolutions qui les intéressaient.

Le président Eltsine n'a représenté ni une diplomatie au niveau des Nations Unies, ni une capacité d'action réelle sur la scène internationale. Quand cette paralysie russe, cette quasi inexistence, a-t-elle été modifiée, quand ce silence a-t-il pris fin ? Je situe le « retournement », la disparition de cette atonie, sinon de cette anomalie au moment du sommet de l'O.T.A.N à Bucarest, en 2007 : la diplomatie russe avait reçu pour la première fois des instructions précises afin de s'affirmer sur la question relative aux relations envisagées entre la Géorgie et l'OTAN. Cette organisation est d'ailleurs le lieu de la réflexion stratégique, bien plus que le Conseil de sécurité ne peut l'être. En outre, être belge donne une vision plus proche de l'O.T.A.N, sans aucun doute, et l'analyse du sommet de Bucarest a montré la fin du soutien à l'adhésion de la Géorgie à l'OTAN, et la prise en compte du « réveil russe », voulu par le successeur de Elstine, Vladimir Poutine

L'élément stratégique évident du sommet de Bucarest a été la prise en compte, pour la première fois depuis 1990, date de la disparition de l'URSS, des mises en garde russes par la majorité des pays de l'OTAN. Le réveil russe a été un réveil militaire, qui a été suivi de la victoire en août 2008 de ses forces armées sur celles, beaucoup plus modestes de la Géorgie, puis de l'indépendance reconnue par Moscou de l'Abkhazie et de l'Ossétie du sud. Le président Poutine a mis fin au long sommeil russe : désormais le jeu change, les partenaires ne sont plus les mêmes, et la Russie reprend son rôle au conseil de sécurité

À partir de 1990, les positions de la communauté internationale qui s'appelaient jusqu'en 2007, « les résolutions des Nations Unies » étaient devenues, insensiblement mais très clairement, des positions américaines, auxquelles se joignaient et sans difficulté le plus souvent, l'Union Européenne et les pays « satellites » de Washington, ou du moins ceux qui en étaient les plus proches, avec entre autres, les États membres de l'OTAN. Il faut toujours garder en mémoire ce grand changement, qui conditionne le comportement des États et l'analyse que l'on peut faire à l'égard des Nations Unies. Est-ce que les sanctions, adoptées par les résolutions du conseil de sécurité, sont une arme de guerre ? La réponse est oui et on peut même parler d'arme de pré-guerre. C'est une arme qui camoufle le fait que l'on a l'intention d'entrer en guerre. Mais en ce qui me concerne, les sanctions telles qu'elles figurent aujourd'hui dans les textes de Conseil de sécurité sont bien une arme de guerre.

Beaucoup d'étudiants de relations internationales connaissent la pratique du rapport de force à l'intérieur du Conseil de Sécurité. Au sein de cette instance, quand une résolution est adoptée, cela signifie qu'elle a au moins trois solides partenaires parmi les membres permanents dotés du veto, et deux partenaires dotés du même droit de veto, qui estiment qu'il y a plus de risques à refuser cette résolution qu'à la laisser passer. Depuis le réveil russe, des résolutions continuent leur chemin, même s'il en passe moins, notamment sur la Syrie. La frustration russe à la suite du non-respect par l'OTAN des règles fixées lors du vote relatif à la résolution sur la Libye est en grande partie à l'origine du comportement diplomatique de Moscou sur la question syrienne, il ne faut pas s'y tromper.

Le déséquilibre actuel, ou « le nouvel équilibre », n'est donc pas un blocage tel que celui vécu pendant la guerre froide au sein du même conseil de sécurité. Certains États vont être enthousiastes sur une résolution, et d'autres vont simplement adopter un profil visant « à ne pas s'opposer. » Une résolution du Conseil est donc le résultat d'un positionnement de ses États membres, par rapport aux intentions de ceux qui possèdent le droit de veto. Ce scénario est, dès le départ, déséquilibré, puisque le calcul que fait chaque État, plus ou moins important parmi les membres du Conseil de sécurité, permanents ou non-permanents, est un calcul de positionnement, en fonction de l'intérêt réel ou estimé, de l'État membre concerné.

Qui va se positionner par rapport aux États forts ? Imaginer que vous êtes le représentant de la Côte d'Ivoire ou de la Belgique. Vous êtes membre du Conseil de Sécurité pour six mois, et, miracle, pendant les six mois vous avez même obtenu la présidence... c'est un grand honneur pour votre pays et vous en êtes fier à juste titre mais vous savez pertinemment bien que cette présidence ou cette présence ne change pas le rapport des forces internes au Conseil. Les cinq États membres permanents vont décider en dernier ressort. Alors, que faites vous ? Vous calculez votre position dans l'intérêt de votre pays, et non pas par rapport au sujet en cause dans la résolution. Vous affrontez les États-Unis qui vous demandent de signer cette résolution, ou bien vous faites un amendement.

Prenons par exemple la résolution sur l'Iran qui est au centre des débats depuis plus d'une décennie. C'est un pays cible des États-Unis et de l'Europe, mais les raisons, essentiellement liées au nucléaire et à la sécurité internationale, mentionnées dans le texte et qui ont abouti à des résolutions considérées comme illégitimes au regard du droit international, ne sont que des éléments parmi beaucoup d'autres qui expliquent la position qu'adopte un pays membre non permanent du Conseil de sécurité.

Le cas des institutions régionales, comme l'Union Européenne, qui n'est pas une structure intergouvernementale, mais bien supranationale (même si le côté supranational de Madame Ashton n'est pas évident) doit aussi être apprécié à sa juste valeur. La force de cohésion des Européens, une fois qu'elle s'exprime, et surtout si les États membres de l'Union sont d'accord, représente une véritable décision. Lorsque je m'exprime en France, ceci peut choquer mais le mécanisme est bien réel et « coercitif ».

De plus, pour beaucoup de pays européens, surtout parmi les plus récents, le fait qu'un soutien pour une résolution en discussion à l'ONU soit demandé par l'ambassadeur américain est déjà une assurance de réponse positive. Bien souvent, avant une décision européenne, l'ambassadeur américain fait la démarche, et va dans un grand nombre de cas obtenir satisfaction, sans coup férir. Il ne va pas l'obtenir pour les raisons pour lesquelles il vient signaler l'acte illégitime présumé du pays visé par les sanctions ou par la résolution, il va l'obtenir pour des raisons qui sont liées à l'intérêt du pays auprès duquel il fait la démarche.

La Pologne par exemple ou les États baltes, qui n'ont sur ces questions relatives à la sécurité internationale et au Moyen-Orient au départ qu'une position minimale, considèrent progressivement que soutenir la demande américaine devient pour eux l'objectif principal, pour peu que cela soit demandé avec quelque insistance. Cette situation a déjà été vérifiée à propos des sanctions contre l'Irak. En effet, des démarches similaires ont eu lieu à l'époque, et sans être un membre éminent des services de renseignement, le diplomate de base, qui recevait alors l'ambassadeur américain avait vite compris que ce dossier allait aller beaucoup plus loin que la simple résolution demandée. Cette dernière était la base pour légitimer l'action envisagée, et il n'était guère nécessaire de proposer davantage d'explications pour comprendre l'objectif sous-jacent.

Toutes les chancelleries savaient que les sanctions concernant l'Irak allaient nécessairement conduire à une étape ultérieure, avec la volonté d'aller jusqu'au bout et d'en finir avec le régime de Saddam Hussein. Dès lors, s'il fallait manipuler des rapports fournis par les services de renseignement, autant le faire avec des alliés sûrs. C'est ce qui s'est passé et les étapes ont toutes été franchies, comme prévu. L'AIEA[2] est à cet égard un lieu très intéressant, où existent aussi des rapports de pouvoir que nous ne pourrons pas analyser dans les détails. Mais la simple analyse de ce qui se passe au sein de cette institution a priori indépendante, et bien que l'on puisse douter de ce postulat, devrait ouvrir les yeux sur la suite des opérations relatives à la question iranienne.

À la Maison Blanche, en-dessous du bureau ovale se trouve le « Situation room », où l'on trouve des horloges affichant toutes les heures des capitales où l'armée américaine est en fonction, et en fonction active. L'heure de Bagdad y est restée affichée pendant toute la période de la guerre, puis pendant toute la période du Président Clinton, jusqu'à la fin de Saddam Hussein. Jamais il n'a été question d'arrêter complètement la marche de l'Irak vers la possession présumée d'armes de destructions massives, ni de ne pas faire la guerre en Irak. Il y a peut-être eu des rapports militaires, à un moment donné, qui ont été par ailleurs hésitants, mais il y a toujours eu cette volonté américaine, bien

2- Agence internationale pour l'énergie atomique, basée à Vienne, en Autriche.

présente, de mener cette guerre, et pas seulement au moment de l'arrivée au pouvoir du président Bush junior, puisque le plan visant à changer le Moyen-Orient, en s'en prenant notamment à l'Irak a été proposé par les néoconservateurs sous Clinton, dès 1996.

Venons-en à ce que j'appelle « l'hypocrisie optimiste », à savoir le mécanisme européen. J'ai été secrétaire d'État aux Affaires Européennes au moment où Roland Dumas, était ministre des Affaires étrangères. Nous avons vu naître tout d'abord la volonté européenne de s'occuper de sécurité, ensuite la P.E.S.C[3] et la volonté de structurer la politique européenne de défense et de sécurité. Les premiers pas ont été fragiles, il a fallu surmonter la difficulté de la relation entre l'O.T.A.N et la P.E.S.C, relation d'amour-haine permanente. L'Europe ne veut pas être suiviste par rapport à l'O.T.A.N, elle veut faire des politiques plus personnalisées et européennes que ne le fait l'O.T.A.N. Mais en même temps, il ne peut pas être question, et la Libye l'a encore montré, de faire une opération qui ne soit pas soutenue d'un point de vue militaire par les États-Unis.

Comment les « diplomates américains » vendent-ils en fait ces actions militaires, de superpuissance? Ils les vendent à des européens intelligents, qui comprennent, qui ont un a priori positif, et qui se satisfont très vite de la garantie que les sanctions ne débouchent pas nécessairement sur un acte de guerre. C'est ainsi que les chancelleries européennes s'alignent sur la volonté de puissance américaine, qui se fait douce : non, ce n'est pas un acte qui va aboutir à la guerre, ce n'est qu'une résolution sur les sanctions. Au contraire, dans un certain nombre d'argumentaires vous trouverez l'idée que les résolutions proposées sont en réalité une façon d'empêcher qu'on arrive à un acte de guerre! L'Europe peut donc être satisfaite, il s'agira d'actes de « soft power » qui vont changer, en principe, le pouvoir dans le pays en question, puisque l'agitation créée sera telle que l'on pourra se débarrasser des dirigeants en place, ou bien les négociations auront lieu dans de meilleures conditions. Voilà l'argument, souvent spécieux, qui chaque fois, entraine l'accord européen.

L'Europe d'aujourd'hui est dans une situation très particulière puisque le discours de Monsieur Cameron a renforcé cette évolution dangereuse. D'une part, vous avez un allié sûr pour la diplomatie américaine, la Grande Bretagne, qui suit, et en règle générale, attire aisément l'accord des Pays Bas, plus celui de quelques pays scandinaves et l'Allemagne. Vous avez la France, qui elle a une position autonome, c'est un fait particulièrement rare. Puis vous avez tous les autres États membres européens, qui n'ont pas une vraie diplomatie autonome sur le

....
3- Politique européenne de sécurité commune

sujet. Pourquoi, en Belgique, n'y a t-il aucun état d'âme politique sur les sanctions vis-à-vis de l'Iran, aucun ?

Pendant que les actes s'enchainent après l'obtention d'une résolution, l'action militaire finit par être présentée comme le seul recours. Evidemment, les Européens, toujours dans le cadre du « soft power » répondent qu'ils privilégient les actions humanitaires, que l'Europe n'entreprend que rarement voire jamais d'actions militaires. L'Europe veut bien acheminer des C130 à Abidjan mais elle hésite à s'engager au Mali. Combien d'États européens donnent ainsi leur accord au départ, tout en sachant qu'il y aura bien un point d'arrivée, mais en prévenant à l'avance qu'ils ne s'engageront pas vraiment dans tel dossier.

J'ai eu l'occasion, avec des amis français, de mener une mission en Irak au moment catastrophique de l'application des sanctions, à l'époque où toute la communauté internationale répétait qu'elles ne pouvaient, en aucun cas, avoir d'effets sur l'éducation. C'est toujours le cas, dans les textes européens, à la fois dans la directive de la P.E.S.C, comme dans la position de l'O.N.U : les sanctions ne peuvent pas avoir d'effets sur l'éducation, le matériel médical ou l'accès aux soins. Or il était évident que c'était bien le cas, tout le secteur des soins pour les enfants était affecté de manière catastrophique. L'Europe a écouté, regretté mais n'a jamais réellement tenu compte de ces faits.

Malgré cela, la volonté de faire la guerre a continué, et nous observons aujourd'hui impuissants, car même les États-Unis n'y ont plus aucun pouvoir, l'Irak déstabilisé profondément et pour longtemps, déchiré entre sunnites et chiites, pays ravagé par la violence où la vie est rythmée par les attentats. Ajoutons également l'apparition d'un État autonome kurde, dont nous reparlerons à l'occasion des futurs développements observés en Syrie. La volonté de guerre américaine, et l'hypocrisie européenne qui n'a pas voulu s'y opposer ont, à la fois, créé un sanctuaire terroriste sunnite a Falluja et autour de l'Irak, qui sera le noyau dur a éliminer pour trouver la paix en Syrie, et créé l'ébauche d'un État kurde qui signale le début de l'émiettement des nations du Moyen-Orient, au grand dam du principal allié américain dans la région, la Turquie. Cherchez l'erreur, ou est la cohérence ?

L'efficacité des sanctions et les possibilités alternatives

JEAN-PIERRE VETTOVAGLIA[1]

Résumé

Cette contribution est essentiellement consacrée à l'étude de l'impact et de l'efficacité des sanctions en général. Ces considérations s'inspirent des travaux récents du "Targeted Sanctions Consortium" mis au point sous la direction du Professeur Thomas Biersteker du Geneva Institute. Le but est de démontrer la relative inefficacité des sanctions, et de promouvoir une reflexion renouvelée ur les alternatives potentielles.

Abstract

This contribution is essentially focused on the analysis of the impact and efficiency of sanctions in general. These arguments have been inspired by the recent works of the "Targeted Sanctions Consortium" established under the supervision of Professor Thomas Biersteker from Geneva Institute. The attempt is to prove the relative inefficiency of sanctions and to promote a new reflexion on potential alternatives.

1- Ancien ambassadeur de Suisse, ancien représentant du Président de la Confédération helvétique pour la Francophonie, éditeur.

« A nation that is boycotted is a nation that is in sight of surrender. Apply this economic, peaceful, silent, deadly remedy and there will be no need for force. It is a terrible remedy. It does not cost a life outside the nation boycotted, but it brings pressure upon a nation which, in my judgement, no modern nation can resist ».

Président Wilson, 1919

« Dans le monde interdépendant d'aujourd'hui, un ensemble de réseaux d'échanges force les nations à vivre ensemble, qu'elles le veuillent ou non..L'embargo, clairement défini par la loi, est un instrument qui doit être utilisé avec un grand discernement et évalué à l'aune de critères à la fois éthiques et juridiques. Avant d'imposer de telles mesures, il est toujours impératif de prévoir les conséquences humanitaires des sanctions, en tenant compte de la proportionnalité de cette décision eu égard au mal qu'elle vise à remédier ».

Pape Jean-Paul II, Message au corps diplomatique, 1995

Impact et efficacité des sanctions

La légitimité des sanctions et le cadre juridique au sein duquel elles sont décidées puis appliquées sont l'objet de doutes et de questionnements. Leur mise en œuvre soulève de graves problèmes en termes de dommages collatéraux. Il s'agira ici d'en évaluer l'efficacité, ce qui est bien la moindre des choses, surtout que les Nations Unies n'ont pas l'habitude de procéder à des études d'impact de leurs propres décisions. Depuis la fin de la Guerre froide, l'ONU a vingt ans d'expériences avec les sanctions, mais aucune étude majeure n'a été consacrée à ce jour à leur impact et à leur efficacité.

Une effectivité limitée ?

Concernant les sanctions onusiennes, alors que la littérature anglo-saxonne sur les sanctions est littéralement pléthorique, bien peu d'auteurs se sont aventurés à en mesurer le succès. On relèvera bien sûr Hufbauer, Schott et Elliott qui avaient mentionné un taux de succès de 34 % dans leur étude[2], mais ces résultats avaient été fortement contestés à la baisse par Robert Pape[3]. Il se trouve heureusement que le « Watson Institute for international studies » de la « Brown University » aux USA, à l'origine du « Targeted Sanctions Consortium (TSC) », a conduit pendant plusieurs années (depuis 2009) une étude, précisément sur leur

....

2- Hufbauer G., Schott J. et Elliott K, « US economic sanctions : their impact on trade, jobs and wages », Institute for International Economics, 3ème édition, 2001. Ouvrage le plus connu et le plus exhaustif avant les travaux du Targeted Sanctions Consortium.

3- Robert A. Pape, « Why economic sanctions do not work », International Security, 22 (2), fall 1997, pp. 90-136 impact et leur efficacité, avec pas moins de 28 universitaires/chercheurs et 20 praticiens. Leurs travaux seront prochainement publiés et je voudrais ici en dévoiler les résultats préliminaires[4].

Selon le TSC, l'effectivité des sanctions ne dépasse pas 31 % des cas d'application, toutes catégories de sanctions confondues. Les efforts visant à imposer ou modifier un comportement par la contrainte de sanctions sont les moins efficaces avec un taux de succès de 13 % seulement. Ceux visant à prévenir une cible de ne pas s'engager dans une activité interdite sont trois fois plus efficaces (42 %) comme ceux simplement destinés à stigmatiser la violation d'une norme internationale (43 %). Ceci est capital, bien entendu puisqu'il apparaît que les sanctions les plus sévères se révèlent les moins efficaces. Et les sanctions visant plus simplement à avertir ou admonester un pays sont trois fois plus efficaces mais leur succès n'atteint pas le 50 % des cas. À noter, toujours selon le TSC, que les différentes expériences faites en matière de sanctions ne reproduisent pas les mêmes résultats puisque chaque régime est unique et complexe. D'autant qu'elles sont toujours appliquées avec d'autres mesures et jamais appliquées de façon isolée. Elles devraient donc être évaluées et intégrées dans une approche globale, ce qui n'est pas facile.

Aux sanctions onusiennes s'ajoutent en effet souvent des sanctions unilatérales américaines et d'autres, régionales, comme celles de l'Union européenne, ce qui complique encore davantage l'évaluation de leur impact dès le départ. Les sanctions onusiennes restent ciblées, sauf en Libye depuis 2011, mais des sanctions plus extensives unilatérales et régionales entraînent la confusion, compliquent les choses et affaiblissent celles de l'ONU. De plus, la coordination des sanctions au sein du système des Nations Unies reste un problème très important et jamais résolu ce qui diminue leur efficacité. Le TSC a en effet pu établir toute l'importance de leur séquençage et de leur « timing ». Les résultats préliminaires du TSC nous apprennent que les embargos sur les armes sont les moins efficaces de toutes les sanctions lorsqu'elles ne sont pas accompagnées de sanctions portant sur des matières premières. Les sanctions sur le commerce des diamants, par contre, se sont révélées efficaces.

Les sanctions ciblées ne sont certes pas supposées entraîner le même degré d'impact imprévu que les sanctions globales. Mais lorsque l'on décide de sanctions, quelles qu'elles soient, il vaudrait mieux penser à

4- Voir « Targeted Sanctions Consortium », Evaluating the impact and Effectiveness of UN Targeted Sanctions, communiqué de juillet 2012 et surtout « Designing United Nations Targeted Sanctions, Initial Findings of the Targeted Sanctions Consortium, Evaluating impacts and effectiveness of Un targeted sanctions », août 2012, The Graduate Institute, Geneva, Programme for the study of international governance, Thomas J. Biersteker, director.

leurs conséquences possibles. Les résultats préliminaires sont à cet égard attristants puisqu'il semble bien que ce ne soit pas le cas aux Nations Unies où ceux qui les proposent et ceux qui les votent ne sont pas en mesure de mesurer l'impact de leur décision, n'en ont pas conscience ou ne veulent pas en savoir plus. Leur rationalité est au fond irrationnelle et les lacunes de l'analyse des censeurs étatiques et des fonctionnaires intergouvernementaux assez manifestes.

Effets pervers et contre-productifs

À la lecture de ces résultats préliminaires, il importe de souligner plusieurs points. D'abord, les sanctions ciblées les plus discriminantes (interdiction de voyager, gel des avoirs) ou les sanctions diplomatiques (qui, à la limite, embarrassent les élites), les embargos sur les armes (qui affaiblissent marginalement la police et les services de sécurité) ou sur les biens liés à la prolifération nucléaire, n'ont qu'un impact bien discret et souvent inutile. En revanche, les sanctions concernant les matières premières, hors pétrole, comme le diamant, le bois ou le cacao tendent déjà à affecter les régions concernées de façon disproportionnée et touchent des pans entiers de l'industrie. Quant aux sanctions affectant des secteurs cruciaux de l'économie comme le pétrole ou le secteur financier (secteur bancaire, banque centrale, trafic de paiement), elles touchent de larges secteurs de la population civile et reproduisent les mêmes conséquences tragiques que celles constatées en Irak et ne sont plus du tout discriminantes. Les sanctions de l'ONU à l'égard de l'Iran sont quasiment des sanctions globales, celles-mêmes que l'on s'était pourtant juré de ne jamais reproduire après l'Irak, et d'ailleurs, aucun rapport onusien ne traitera jamais de ce sujet.

Les résultats des travaux soulignés plus haut mettent en avant l'importance des moyens d'échapper aux sanctions ou de les détourner. Parmi les mesures évasives citées, on peut dénombrer le détournement du trafic commercial par des pays tiers et des sociétés écran, le recours à des entreprises sur le marché noir, l'utilisation de refuges sûrs, des sources d'approvisionnement alternatives, le recours à des navires sous d'autres pavillons ou à l'origine déguisée, la constitution de stocks, la diversification des fonds et investissements, le recours à des appuis familiaux.

En ce qui concerne les conséquences imprévues, le cœur du sujet, le TSC a abouti à plusieurs constatations, la première étant qu'un accroissement de la corruption ainsi qu'une augmentation parallèle de la criminalité se vérifient dans 62 % des cas et qu'un renforcement des règles autoritaires est obtenu dans 53 % des cas puisque les dirigeants d'un État visé par des sanctions vont user de cette menace externe pour renforcer leur pouvoir au plan interne. Les sanctions provoquent souvent un effet de ralliement au sein de la population autour des leaders étatiques mis à l'index par l'étranger, ce fut ou est actuellement le cas au Zimbabwe, à Cuba, dans l'ex-Yougoslavie, en Iran aussi. Le pouvoir renforce alors ses structures en captant des ressources issues d'une économie de plus en plus mafieuse que les sanctions encouragent et ces différents éléments concourent à renforcer la stature et les moyens du dictateur dont le pouvoir en terme de contrôle social est grandi en raison même des sanctions.

Les États voisins sont également négativement impactés par les sanctions et des détournements des ressources ont été constatés dans 41 % des cas. Des impacts sociaux et sanitaires concomitant à une déstructuration de la société et à une situation humanitaire critique ont été constatés dans 39 % des épisodes de sanctions plus ou moins ciblées, si bien que l'ONU y a perdu de la légitimité et son autorité dans 31 % des cas. De manière générale, les résultats de cette étude fondamentale semblent démontrer qu'il n'y a pas plus de « smart sanctions »[5] que de « smart bombs » ou de « smart landmines ». Les sanctions financières qui n'affecteraient miraculeusement pas le niveau de vie de la population, qui ne viseraient que les dirigeants responsables de la politique de la cible, qui éviteraient d'enrichir les classes dirigeantes que l'on veut frapper, tout cela relève de l'utopie bienpensante occidentale et américaine en particulier.

L'on retiendra par contre que les sanctions les plus efficaces sont celles que l'on agite mais que l'on ne met pas en vigueur. La menace remporte près de 42/43 % de succès, l'exécution des menaces brandies en réduit l'efficacité à quelque 13 %. Le taux de succès des sanctions est donc d'autant plus faible qu'elles sont davantage coercitives. Dire comme le fait la résolution A/RES/64/115 du 15 janvier 2010 de l'Assemblée générale des Nations Unies que les sanctions parviennent à éviter « des effets humanitaires néfastes ou des conséquences involontaires » lorsqu'elles sont ciblées, n'est qu'une contrevérité évidente qui se passe de commentaires. Typiquement, cette résolution demande une évaluation objective des sanctions (toujours le politiquement correct) mais ne parle pas de mesurer leur efficacité si bien qu'il y a vraiment loin de la coupe aux lèvres.

....

5- « Sanctions intelligentes »

Quelles alternatives aux sanctions ?

Utilisation a minima, exceptionnelle ou en dernier recours

Il nous faut brièvement aborder, à partir de l'inefficacité des sanctions, leur dimension éthique[6]et d'abord remettre dans leur contexte le recours aux sanctions et leur pratique par les Nations Unies, c'est-à-dire en fin de compte par les États de la communauté internationale sous la houlette de la puissance hégémonique de l'après guerre ou plutôt de l'après guerre froide, pour être précis, puisqu'avant l'effondrement de l'URSS, les sanctions n'étaient que peu utilisées par l'ONU[7]. Ainsi, après 1989, le nombre de sanctions multilatérales onusiennes augmente tout comme leur potentiel létal et leur montée en puissance a représenté un des nouveaux paramètres post-bipolaires de la maîtrise des conflits... par l'Amérique et ceux qui la suivent !

Dans une perspective politique, les sanctions représentent la loi du plus fort et une éthique de l'inégalité. Elles constituent en effet des mesures punitives qui se définissent dans un contexte de profonde inégalité entre le censeur et la cible. « Elles sont discriminatoires envers les plus faibles », disait Madame Sadako Ogata, alors au HCR. Seraient-elles d'autant plus moralement coupables car politiquement inefficaces ? Les travaux de l'« International Institute on Economics » ont mesuré la différence de taille entre le censeur et la cible puisqu'en moyenne, le PIB des uns est 200 fois supérieur au PIB des autres. En règle générale, il n'y aura pas de sanctions entre égaux et ce ne fut jamais le cas précisément pendant la guerre froide.

En outre, des tendances de fond amènent à s'interroger sur l'intérêt même des sanctions, et à se demander si finalement l'inaction n'est pas préférable dans certains cas. Ainsi, les courbes démographiques changent parfois la donne, automatiquement et irrémédiablement. Dans trente ou cinquante ans, il est fort probable que nous compterons beaucoup plus d'Israéliens arabes, qui représentent aujourd'hui 20 % de la population de l'État hébreu. Ce qui ne sera pas sans conséquence au Proche-Orient. Avec le tarissement de l'émigration juive, l'ensemble de la population d'oigine palestinienne sera probablement nettement majoritaire du Jourdain à la Méditerranée[8]. La diminution du poids

6- Voir l'étude brillante de Ariel Colomonos, « Injustes sanctions : les constructions internationales de la dénonciation des embargos et l'escalade de la vertu abolitionniste », Centre d'études et de recherches internationales, Sciences-Po, Questions de recherche, no 1, novembre 2011, 47 p (l'une des très rares sources en français).

7- Sanctions onusiennes contre la Rhodésie en 1966 et l'Afrique du Sud en 1977

8- Il existe aujourd'hui une campagne de boycott des produits israéliens issus des Territoires occupés palestiniens, appelée BDS (Boycott, Désinvestissement, Sanctions) aux effets pour le moment limités mais qui gagne en popularité, y démographique de la communauté serbe au Kosovo est, pour beaucoup, dans l'explication des violences des années 1990 dans les Balkans.

Négociation et médiation

Il faut tout de même se rappeler que le Congrès de Vienne avait à régler le sort de l'Europe et qu'il le fit en huit mois de négociations avec près de 300 délégations. La négociation est le moyen idéal de régler un conflit, avant qu'il n'éclate ou après qu'il ait éclaté. Jusqu'au 11 septembre 2001, on se parlait naturellement entre amis et la diplomatie était fort justement réservée à ses ennemis. Après cette date, on utilise désormais la diplomatie entre amis et on ne négocie plus avec ses ennemis. Les contacts entre les États-Unis et l'Iran, par exemple, sont secrets, ce qui permet aux dirigeants de cet État de contrôler leur discours en affirmant à leur peuple qu'il subit des sanctions en raison de l'intransigeance des Américains. Des négociations ouvertes avec des prises de position publiques seraient sans doute plus efficaces. Il y a des réseaux sociaux partout sauf en Corée du Nord et des gens font entendre leur voix. Il faut recréer les conditions propices à une diplomatie sur la place publique en essayant de contourner les dirigeants, en s'adressant à leur population.

L'ouvrage aux destinées desquelles j'ai présidé[9] démontre que si la médiation est devenue concomitante au conflit, elle ne dépasse pas 50 % de succès. De plus, ce taux s'effiloche avec le temps puisque l'on a pu établir que les conflits reprenaient dans 50 % des cas dans les trois à cinq ans qui suivaient les accords de paix.

La démocratisation des relations internationales ?

L'agenda déposé sur ce sujet par le Secrétaire général des Nations Unies Boutros Boutros-Ghali a été un échec retentissant, puisque tout s'y oppose dans les relations internationales. La Fontaine aura encore longtemps raison : « selon que vous serez puissant ou misérable, les jugements de cour vous rendront blanc ou noir ». Le monde de l'après guerre mondiale et celui de la guerre froide ont consacré la domination des deux super-puissances et laissé intacte la composition du Conseil de sécurité. Le passage d'un monde bipolaire au monde unipolaire de la seule hyper-puissance n'est pas propice non plus à une vision démocratique des relations internationales.

compris en Occident à tel points que des chefs d'entreprises ou des hommes politiques israéliens commencent à s'en inquiéter. Elle est originale en ce sens qu'elle n'est pas décidée par les « puissants » contre un Etat, mais initiée par des ONG et la société civile. En effet, le boycott de l'Afrique du Sud, dont « BDS » s'inspire, avait des relais politiques et institutionnels plus forts aux Etats-Unis et en Europe.

9- Vettovaglia Jean-Pierre (edit.), « Médiation et Facilitation dans l'espace francophone. Théorie et Pratique », Bruylant, Bruxelles, 2010, 935 p.

Après la Deuxième Guerre mondiale et la fin du colonialisme, on a vu un nouvel impératif catégorique dans les relations internationales : l'universalisation de mesures de coercition américaines et soviétiques jusqu'en 1989/1991 et unilatérales hégémoniques ensuite. Appuyée sur une théorie du chaos, celui dans lequel on précipite ses ennemis pour laisser ensuite ses propres entreprises s'occuper de la reconstruction, qui sera parée des habits de la démocratie et des droits de l'homme et surtout du capitalisme financier ultra-libéral[10]

Dieu, la paix des braves et les effets de la crise

L'Église apostolique romaine dans sa « Documentation catholique » et à propos des défis de la paix apporte sa solution : « la promesse de Dieu »[11]... Plus concrètement, le Centre inter-religieux de Kaduna compte lui aussi sur Dieu : « la paix est divine, prêchez-là ». Le pasteur James Wuye et l'Imam Ashafa ont gagné bien des adeptes en citant tout ce qui dans les Écritures (Bible et Coran) est pertinent pour la paix avec de multiples succès et le Prix de la Fondation Chirac pour la prévention des conflits. Mais son impact reste plutôt limité au centre du Nigéria et ses résultats restent fragiles, si bien que l'on notera aussi dans ce contexte les travaux de Hans Küng[12]

C'est une vieille notion, mais un concept intéressant. Pour cela, il faut des hommes d'État exceptionnels des deux côtés et on n'en voit plus de cette trempe depuis longtemps. On pense évidemment au conflit israélo-palestinien et au chemin emprunté qui a mené les parties jusqu'aux « accords d'Oslo ». Le monde de demain ne sera vraisemblablement pas un monde de paix. Les passions qui composent la nature humaine continueront de faire vivre la politique.

À condition d'envisager l'économie comme science morale au sens où l'on raisonne de plus en plus en termes de manque à gagner et de pertes d'emploi, on devrait privilégier le commerce aux conflits. Les égarements punitifs ont des conséquences néfastes pour les économies, les siennes propres comme celles des pays cibles. Dans sa résolution déjà citée du 15 janvier 2010, l'Assemblée générale se montre préoccupée par les difficultés économiques que rencontrent certains États en raison de l'application de mesures préventives ou coercitives prises par le Conseil de sécurité contre d'autres États[13].

....

10- Sur l'avènement de ce capitalisme du désastre, voir Naomi Klein, « La Stratégie du Choc. La montée d'un capitalisme du Désastre », Leméac, Actes Sud, 2008, 671 p.

11- « The challenge of peace » (le défi de la paix : la promesse de Dieu et notre réponse), Documentation Catholique, 1983, pp. 715-762.

12- Hans Küng, « Projet d'éthique planétaire : La paix mondiale par la paix entr 12- La Résolution A/RES/64/189 du 9 février 2010 traite des mesures économiques unilatérales sur les pays en développement. e les religions », Paris, Seuil, 1991

Conclusion : et si le monde allait changer ?

La question qui se pose est la suivante : la puissance hégémonique actuelle est-elle en phase ascendante, a-t-elle atteint ou dépassé son apogée ou est-elle déclinante ? Les États plus faibles ne sont en effet plus disposés autant que par le passé à simplement céder à la coercition des pays riches sans exercer une certaine résistance. Surtout, n'en déplaise à ceux qui ont jeté aux orties les théories de Huttington, lorsque se frottent les mondes « occidentaux et musulmans ». Les États plus faibles peuvent s'opposer ou résister avant de rechercher des accommodements et on le voit aujourd'hui. L'école réaliste des relations internationales nous fait penser que les consensus seront de plus en plus difficiles à établir au sein des Nations Unies avec un multilatéralisme renaissant, même si les États-Unis garderont, et de loin, les capacités les plus effectives de se projeter militairement, financièrement, technologiquement, économiquement, médiatiquement dans le vaste monde. Cependant, leur poids politique et diplomatique sera et est déjà moindre et il n'y a qu'à constater les inimitiés qu'ils laissent derrière eux depuis de nombreuses années pour s'en rendre compte.

Brésil, Russie, Inde, Chine et Afrique du sud, soit les nouvelles puissances hégémoniques régionales, rendent déjà la prise de sanctions multilatérales onusiennes plus difficile et contribueront à l'avenir à modérer l'imposition de desiderata américains sur l'ensemble du globe. Rallier des coalitions de censeurs au bénéfice d'un fort degré de consentement va devenir excessivement difficile au sein des Nations Unies. Le « followship » dépend étroitement de la force du « hêgemôn » (en grec), c'est la règle d'or. Lorsque sa position relative s'affaiblit, la puissance hégémonique a moins à offrir et moins de ressources pour punir les défections. Son déclin, même limité, affecte sa gouvernance mondiale, sa domination du commerce mondial et il convient de s'interroger sur la pérennité de cette tendance.

Comme les consensus vont devenir difficiles à trouver au Conseil de sécurité, les mesures de coercition économique ne vont plus rassembler un nombre conséquent d'États désireux de voir ces mesures appliquées. Les USA ne pourront plus comme auparavant s'adresser avec autant d'efficacité que par le passé à leurs alliés et tenter de faire pression sur eux ou à les culpabiliser en leur démontrant qu'il serait immoral de ne pas sanctionner l'État déviant. La diplomatie américaine est constamment contrainte d'emprunter la voie de tels arguments diplomatiques moraux et si l'union fait la force, cela est beaucoup moins vrai dans un monde éclaté.

L'alternative aux sanctions pourrait donc bien être un monde multipolaire, pour le meilleur ou pour le pire, où les souverainetés nationales risquent de retrouver un « nouveau printemps » à l'abri des consensus de Washington, des exigences précipitées de démocratie et de droits de l'homme, ou encore d'exigences d'élections libres et transparentes dans des contextes qui ne le permettent pas, sans oublier les simagrées de justice pénale internationale, c'est-à-dire le dévastateur et impatient « tout, tout de suite » occidental, avec moins de possibilités d'ingérence et, espérons-le, plus de solidarité réelle et de vrais équilibres dans les échanges mondiaux et, l'on peut toujours rêver à une éthique du vivre ensemble.

Les sanctions au Moyen-Orient et l'émergence de nouveaux axes

PIERRE BERTHELOT[1]

Résumé

Lorsque la diplomatie semble avoir échoué et que le recours à la force parait difficile, disproportionné ou impossible, l'arme des sanctions, principalement d'ordre économiques devient la modalité essentielle des relations entre certaines puissances et les pays qu'elles considèrent comme les perturbateurs du système international, en particulier lorsqu'ils disposent de l'arme nucléaire ou qu'ils sont réputés vouloir l'acquérir. Pourtant, l'expérience prouve jusqu'ici que si les sanctions ont toujours un impact plutôt négatif sur l'économie de ces États, elles ne sont cependant pas suffisantes pour les affaiblir de façon décisive. Ces pays « rebelles » parviennent progressivement à mettre en place une économie « de résistance » qui tend vers l'autosuffisance et privilégie le troc. Pire, les sanctions renforcent en général politiquement les régimes en place qui accroissent parallèlement leur contrôle sur les ressources produites qu'ils redistribuent ensuite à une population qui voit ses conditions de vie se détériorer à l'inverse de ses dirigeants ou de leurs obligés.

Abstract

When diplomacy seems to have failed and the use of force seems difficult, disproportionate or impossible, the weapon of sanctions, primarily economic in nature, becomes the essential way of relations between certain powers and the countries that they deem disruptive of the international system, particularly when they dispose of nuclear weapons or that they are notorious for wanting to acquire it. Nevertheless, experience has shown so far that even if sanctions are always likely to have a negative impact on the economy of these countries, they are however not enough to weaken them decisively. These "rebel" countries gradually succeed in developing a "guerrilla" economy that tends towards self-sufficiency and favours bartering. Worse than that, sanctions generally strengthen politically the regimes in place who in turn increase their control over the resources produced, that they then distribute to a population who witnesses the deterioration of its living conditions opposite those of its leaders and debtors.

....

1- Enseignant à la Faculté libre de Droit, d'Economie et de Gestion de Paris, chercheur associé à l'Institut prospective et sécurité en Europe et à l'IFAS.

Introduction

La première question que l'on sera tenté de se poser lorsque l'on aborde un sujet aussi vaste que celui des sanctions est la suivante : pourquoi le Proche et le Moyen-Orient constitue-t-il l'une des principales région du monde où elles s'appliquent, qu'elles soient militaires, économiques ou financières ? Il est certain que cette zone, considérée à tort ou à raison comme intrinsèquement instable, est incontestablement jugée comme stratégique pour l'*hegemon* occidental, et pour plusieurs raisons : présence des lieux saints des trois grandes religions monothéistes, de très nombreuses réserves d'hydrocarbures, foyer de naissance de l'islamisme radical. Mais l'une des principales, et des moins soulignée, est que c'est en son sein que régulièrement surgissent des tentatives pour contester la suprématie américaine est celle de ses alliées, tant dans la région qu'au niveau international. Et ceci est d'autant plus inadmissible pour « l'ordre international » pour les raisons citées plus haut, bien que dans le même temps et lorsque les sanctions ne parviennent pas à atteindre leurs objectifs, elles fragilisent alors le premier et fournissent une opportunité à ceux qui contestent cet ordre principalement fondé au lendemain de la Seconde Guerre mondiale, c'est le phénomène d'émergence des blocs contestataires ; mais là où la situation se complique, c'est que au sein de ces blocs contestataires, certains jouent un rôle ambigu, en ce sens qu'ils critiquent officiellement les sanctions, mais qu'ils en profitent aussi. Afin de tenter d'analyser ce phénomène complexe, nous analyserons successivement l'émergence récente de ces blocs contestataires, et plus particulièrement le rôle, décisif et ambigu des BRICS, notamment en ce qui concerne les sanctions et leurs modalités d'application. Puis, nous nous interrogerons sur l'hypothèse d'une confrontation OTAN-OCS avant de rappeler le double jeu des Etats qui sanctionnent, y compris vis-à-vis de leurs « alliés », attitude qui peut potentiellement faire vaciller les anciennes alliances et fluidifier les relations internationales contemporaines.

L'émergence de nouveaux blocs contestataires

« Ainsi les sanctions, instrument du droit international dont la finalité est de provoquer un changement dans le comportement d'un État ou de personnes, tendent à devenir un véritable instrument de régulation internationale, sur les plans économique, financier, voire politique. En diversifiant le contenu des mesures de sanctions, en favorisant leur utilisation systématique à des fins qui n'intéressent plus exclusivement la paix et la sécurité publique internationale, le recours aux sanctions semble favoriser une polarisation du monde, reflet de visions politiques, stratégiques et humaines différentes. D'un côté les États et personnes devant être sanctionnées, de l'autre les puissances qui sanctionnent (...), reflets de la vision d'un bloc occidental (...) »[2].

Dès lors, une des conséquences de ces sanctions parfois aveugles et souvent contre-productives est le rapprochement entre « États résistants ou rebelles » du système international. Il y a ceux qui craignent d'être un jour victimes de ce type de sanctions et qui souhaitent les affaiblir pour montrer leur inanité et inutilité. Il ya ceux, et ce sont parfois les mêmes, qui souhaitent affaiblir l'influence des États qui donnent les ordres, c'est-à-dire le bloc occidental principalement, et ainsi réduire sa capacité de coercition présente ou future (cas du Venezuela par exemple qui commerce avec l'Iran). De plus, contourner ces sanctions permet de gagner des parts de marchés qui auraient été de toute façon arrachées par d'autres. On peut mettre parler de profiteurs ou de vautours du système qui jouent ainsi un rôle ambigu sur lequel on reviendra. Cela favorise l'alliance entre nouveaux États qui trouvent un vide politique à combler au niveau international (Turquie et Brésil à l'occasion de la crise nucléaire iranienne) qui se définissent au départ comme des puissances économiques émergentes ou ré-émergentes qui ensuite cherchent à s'imposer politiquement pour relayer leurs ambitions ayant de plus en plus conscience que l'un ne va pas sans l'autre. La conséquence est donc l'apparition de nouveaux blocs qui traduisent le basculement du monde, lent mais réel vers l'Eurasie et la crise iranienne contribuerait à l'accélération de cette tendance[3]. Le recours aux sanctions favorise non seulement une polarisation du monde, comme cela a été préalablement souligné, mais cela accélère une fragmentation alors qu'il est au départ censé harmoniser la vie de la « société internationale » et en favoriser la coexistence pacifique. Cette dernière s'impose désormais au détriment du concept de « communauté internationale » de plus en plus assimilée à l'Occident et à sa volonté de domination ou de maintien de son hégémonie et de son impérium alors qu'au départ l'utilisation du terme de « communauté internationale » plutôt que celui de « société internationale » n'était pas péjoratif, bien au contraire, le premier évoquant une idée d'interdépendance et de solidarité (chère aux pays en voie de développement), alors que le second était associé à l'univers classique des relations entre États, bilatérales, dans un monde aujourd'hui fractionné, atomisé, où les intérêts nationaux prédominent[4].

2- Philippe Baumard (dir), *Les sanctions financières internationales*, Revue Banque Édition, 2012, p. 193.

3- Sharmine Narwani, "How Iran Changed The World", *Al Akhbar English*, 2012-02-71 (http://english.al-akhbar.com/node/4308).

4- Juan-Antonio Carillo-Salcedo, « Contribution de la notion d'humanité au renforcement de la dimension idéologique du droit international », in *Karel Vasak*

Rôle décisif et ambigus des BRICS[5]

« D'un point de vue géopolitique, la montée des pays émergents constitue une nouvelle phase de l'histoire ou désormais, par l'extension de la richesse, les capacités d'initiative et d'influence mondiale ne sont plus uniquement détenues par les grandes puissances occidentales »[6]. La Russie, arc-boutée sur sa position de soutien à la Syrie, et dans une moindre mesure à l'Iran, se rapproche de l'autre État autoritaire du groupe, la Chine, à l'inverse des puissances émergentes et démocratiques formées du Brésil, de l'Inde (grand acheteur d'armes russes) et de l'Afrique du Sud. Ces dernières, qui forment un trilatéralisme distinct considèrent cependant que la Syrie ou l'Iran ne constituent pas de véritables menaces pour la sécurité internationale, et ont donc une attitude critique vis-à-vis des positions occidentales tout en n'étant pas systématiquement dans l'obstruction. Dans certains cas, des enjeux internes ne sont pas totalement absents, comme dans le cas du Brésil (qui abrite une importante communauté d'origine syro-libanaise, majoritairement chrétienne et donc sceptique face à l'alternative islamiste syrienne[7] ou la position extrême vis-à-vis de l'Iran[8]). Rappelons que le Brésil qui s'est rapproché de Téhéran ces dernières années avait tenté une médiation infructueuse sur ce sujet avec la Turquie et que l'Inde, qui importe du pétrole iranien (et aussi beaucoup d'armes israéliennes), pourrait un jour se joindre au gazoduc qui va bientôt relier l'Iran et le Pakistan.

Si ces nations prouvent ainsi qu'elles sont celles qui sont susceptibles de faire basculer la situation dans de nombreux États dans la ligne de

---

amirocum liber : les droits de l'homme à l'aube du XXIe siècle, Bruxelles, Bruylant, 1999, p. 122. D'autres définissent la communauté internationale comme « l'ensemble des États en voie d'institutionnalisation, entre lesquels sont répartis les peuples de la terre », voir Jean Charpentier, « L'humanité : un patrimoine, mais pas de personnalité juridique », in *Les hommes et l'environnement : quels droits pour le vingt-et-unième siècle ? Études en hommage à Alexandre Kiss*, Textes réunis par Michel Prieur et Claude Lambrecht Sabrechts, Paris, Éditions Frison-Roche, 1998, p. 17. Raymond Aron évoque de son côté le « système international », soit « l'ensemble constitué par des unités politiques qui entretiennent les unes avec les autres des relations régulières et qui sont susceptibles d'être impliquées dans une guerre générale », in *Paix et guerre entre les nations, 8e édition, Paris, Calmann-Lévy*, p. 103.

5- Acronyme désignant un groupe composé du Brésil, de la Russie, de l'Inde, de la Chine et de l'Afrique du Sud.

6- Languy Ossebi, « L'irruption des pays émergents », *Géopolitique africaine*, n ° 45, quatrième trimestre 2012 (*L'Afrique et les États émergents*), p. 151.

7- Le vice-président brésilien, Michel Temer, qui pourrait un jour succéder à Dilma Roussef est d'origine libanaise.

8- Rappelons que la principale force politique chrétienne, le Courant patriotique libre, dirigé par l'ancien général Michel Aoun s'est rapprochée du Hezbollah pro-iranien en 2006.

mire de la « communauté internationale », dans un sens ou dans l'autre, il n'en reste pas moins qu'elles montrent aussi les limites du groupe des BRICS qui ne sont pas unis sur tous les dossiers : cet ensemble reste hétérogène et les intérêts parfois contradictoires. Ainsi, la Fédération de Russie et la Chine, déjà membres du conseil de sécurité, sont de fait des dirigeants du système international, tout en le contestant. La Chine par exemple hésite à ouvrir ses marchés aux produits manufacturés des BRICS tandis que les autres membres souhaitent que l'Empire du milieu ne se limite pas à l'importation de leurs matières premières et hausse le cours du yuan[9]. En outre, et après que les Européens, sous pression américaine se soient retirés d'Iran, ce pays a bénéficié d'une occasion unique pour s'y implanter et y investir (expansion du métro de Téhéran et droits d'exploitation des champs de pétrole et de gaz du golfe Persique).

Certains spécialistes[10], estiment d'ailleurs que les BRICS, ou du moins les plus « modérés » d'entre eux, sont aujourd'hui les seuls qui peuvent aboutir à une sortie de crise sur le volet syrien (grâce à une proposition de médiation indépendante et non alignée susceptible d'obtenir la confiance tant des Russes et des Iraniens que des États-Unis), l'essentiel des pays arabes étant hors jeu comme la plupart des nations occidentales, et on peut par extension imaginer la même perspective à propos de l'Iran.

La Turquie serait pour beaucoup le partenaire émergent presqu'idéal puisqu'elle entretient de bonnes relations avec l'Occident tout en apparaissant de moins en moins comme un allié docile voire soumis, souhaitant plutôt devenir un véritable acteur autonome qui entend traiter d'égal à égal, être davantage respecté et qui peut donc constituer un relais ou un porte parole crédible des intérêts de nombreux pays en développement, d'autant plus que cet État ne souhaite pas intervenir dans leurs affaires intérieures. D'ailleurs, il ne respecte pas à la lettre les injonctions américaines à propos des sanctions visant l'Iran (malgré leur différent notable à propos du conflit syrien), sans quoi il se priverait de substantiels gains économiques C'est probablement le Brésil qui constitue le rival le plus sérieux de la Turquie[11] puisqu'il n'a également pas de contentieux colonial et n'est pas soupçonné d'être une puissance potentiellement prédatrice, d'un point de vue économique, comme le sont la Chine, voire l'Inde. Il est d'ailleurs assez symptomatique, comme cela a été souligné précédemment, que Brasilia et Ankara se soient

....

9- Charles Zorgbibe, « Puissances émergentes et système international », *Géopolitique africaine*, n ° 45, quatrième trimestre 2012 (*L'Afrique et les États émergents*), p. 163.

10- Comme le journaliste et analyste Patrick Seale. Voir aussi l'ouvrage récent de Jean Géronimo, « La Pensée stratégique russe – Guerre tiède sur l'Échiquier eurasien- Les révolutions arabes et après ? », Paris, Editions Sigest, 2012.

11- Voir *Géopolitique africaine* n ° 35, juillet-septembre 2009 (*Le Brésil et l'Afrique*).

associées en 2010 pour proposer une initiative diplomatique commune mais au final infructueuse, à propos de la crise nucléaire iranienne, qui marque probablement un tournant dans l'histoire des relations internationales contemporaines, puisque pour la première fois, des puissances émergentes s'emparent d'un dossier qui en temps normal n'aurait pas échappé au monopole des cinq membres permanents du conseil de sécurité. Certes, les perspectives économiques des BRICS semblent moins prometteuses qu'elles ne l'étaient il y a quelques années, avec une croissance en forte baisse (à l'exception de la Chine, qui fait plus que jamais figure « d'atelier du monde »), mais elles restent néanmoins plus encourageantes que celles de l'Europe à long terme.

Vers un choc OCS-OTAN ?

Va-t-on assister à la lumière de cette contestation des sanctions et des nouveaux événements observés en Ukraine, à un affrontement « Occident-Eurasie »[12], qui pourrait prendre la forme d'alliances militaires plus ou moins renforcées, l'OTAN (l'Organisation du Traité de l'Atlantique Nord) d'un côté et l'OCS (Organisation de Coopération de Shanghai) de l'autre, moins connue et fondée en 2001. Il est certain que ce que l'on observe a un fort relent de guerre froide, mais en réalité, si des similitudes existent, la situation est différente pour plusieurs raisons. D'abord les USA sont moins prompts à la confrontation, puisque la Russie ne constitue pas ou plus une menace globale. Ensuite, l'OCS n'est pas une OTAN bis, ou en tout cas pas encore, pas plus qu'une réactivation du pacte de Varsovie sous une autre forme, fonction qui est plutôt dévolue à l'OTSC (Organisation du Traité de Sécurité Collective). Cette dernière est formée de la Russie et du noyau dur de ses alliés : Arménie, Biélorussie, Kazakhstan, Kirghizstan, Tadjikistan, la Serbie étant seulement membre observateur puisque soucieuse de ne pas se fermer la porte de l'Union européenne[13]. Il convient de souligner que l'OCS est une structure plus lâche que l'OTAN, qui regroupe des États souhaitant surtout coopérer sur des sujets précis, et dont la vocation militaire n'est pas le premier objectif. Il convient de distinguer par ailleurs entre alliance et simple organisation de coopération ponctuelle ou forum de débat. Dans le premier cas, si un des membres est agressé, alors les autres peuvent et le plus souvent doivent lui porter assistance contre l'agresseur, alors que dans le second cas il n'en est rien. C'est pourquoi si choc il y a, il sera davantage symbolique et politique, voire économique que militaire.

....

12- Deux constructions géopolitiques aussi incertaines et ambigües l'une que l'autre

13- L'Ouzbékistan a quitté récemment l'OTSC.

En réalité, les sanctions ne sont pas la cause du rapprochement eurasiatique, mais plutôt leur conséquence, elles ne font qu'accélérer un phénomène envisagé de longue date par ses principaux protagonistes. Ainsi, si les sanctions sur l'Iran peuvent apparaitre comme une victoire pour certains, puisqu'elles auraient amené le régime à négocier, c'est plutôt une victoire à la Pyrrhus. La tectonique des plaques est en train de changer au plan international, ce qu'on bien saisi les USA en tentant d'affaiblir cette union eurasiatique projetée (via l'Ukraine) et en annonçant depuis un certain temps leur volonté de se concentrer davantage sur l'Asie et moins sur la zone Moyen-Orient ce qui explique les hésitations non pas tant d'Obama, mais de l'establishment américain sur la Syrie, l'Iran et l'Ukraine. Certes, cela ne signifie pas que les USA laisseront totalement ces pays dans l'orbite de leur rival russe, mais ils hésitent à payer un prix disproportionné, sur le plan économique, sécuritaire et politique.

Le double jeu des Etats qui sanctionnent ?

Une des raisons qui explique que les sanctions ne fonctionnent jamais totalement au plan international ce ne sont pas uniquement les stratégies d'autosubsistance et de résistance des États sanctionnés, ou la contestation des émergents réticents à suivre aveuglement les directives ou les diktats de certaines puissances occidentales, mais la duplicité de ces dernières et leur absence de position unanime, conscientes du fait que les sanctions visent aussi à écarter certaines d'entre elles de marchés au potentiel prometteur renfonçant ainsi la place de celles qui émettent les sanctions ou sont en pointe pour le faire. Nous sommes dans un jeu complexe où les sanctions visent directement à affaiblir des ennemis réels ou supposés tout en éliminant des pays *a priori* proches ou loyaux, autre enjeu sous-jacent et inavoué. En réalité, et comme l'a révélé la récente affaire Snowden, des pays officiellement alliés n'hésitent pas à recourir à l'espionnage, avec des objectifs souvent industriels, entre eux. La plus spectaculaire affaire de ce type est liée à Jonathan Pollard, un espion américain qui livra d'importantes informations à Israël, en principe le plus fidèle allié de Washington au Proche-Orient et fut condamné à perpétuité en 1987.

L'économie mondiale n'est pas seulement caractérisée par une compétition féroce mais par la « coopétition »[14] : des États collaborent sur certains projets et sont aussi rivaux dans de nombreux domaines. Et les risques sont d'autant plus grands que la majorité du commerce se fait en général entre Etats proches voire avec lesquels l'intégration,

14- Nalebuff, B., Brandenburger, A, *La Co-opétition, une révolution dans la manière de jouer concurrence et coopération*, Village Mondial, 1996.

politique, économique ou militaire est la plus poussée. À défaut de conflit armé, d'autant plus improbable que l'on se situe dans le cadre d'une rivalité entre puissances en principes amies, les nations évoluent de plus en plus dans un contexte de guerre économique, à distinguer des rivalités de nature géoéconomiques par ailleurs. En effet, comme le précise Pascal Lorot « S'il y a bien un terreau commun qui relie la « guerre économique » à la géoéconomie – la conflictualité entre partenaires associés à la conquête de parts de marché ou d'acquisitions technologiques (...) » et si « la stratégie géoéconomique peut reprendre certains des instruments de cette dernière (pratiques anticoncurrentielles classiques, utilisation discriminante de contingentement physique, des droits de douane ou d'obstacles non tarifaires, réservation des marchés publics aux entreprises nationales et de certaines activités à des monopoles, sans parler de l'espionnage industriel classique)... elle ne s'appuie généralement pas sur ses armes les plus offensives comme le recours à l'embargo unilatéral (c'est-à-dire non agréé par la collectivité internationale) ou au boycottage organisé »[15].

À cet égard, les conséquences dramatiques qu'ont eues les sanctions sur le groupe PSA (Peugeot-Citroën) représente un quasi cas d'école. Le constructeur français se trouve dans une situation d'autant plus complexe que l'un de ses actionnaires de référence a été l'américain General Motors, qui, lui-même sous pression de son gouvernement a exigé de Peugeot qu'il cesse toutes activités en Iran pays où le constructeur français occupait une place de choix[16], alors que Renault ne semble pas avoir les mêmes difficultés, puisque son coactionnaire est le japonais Nissan. On soulignera, à l'instar de plusieurs spécialistes du sujet, que l'on ne saisit pas bien le lien entre programme nucléaire et industrie automobile[17]. Autant l'argument concernant les banques menacées par les sanctions reste cohérent à défaut d'être toujours pertinent, puisque le système financier peut être utilisé pour acheter le matériel et les ressources nécessaires au développement de la filière nucléaire, autant dans le cas évoqué on reste plus que dubitatif.

D'une manière générale, la France dont le commerce extérieur est depuis plusieurs années fortement déficitaire et l'industrie en déclin, est une des grandes victimes de cette politique de sanctions contre l'Iran puisqu'elle a vu ses parts de marché, acquises difficilement au cours

15- « De la géopolitique à la géoéconomie. La géoéconomie nouvelle grammaire des relations internationales », *Géoéconomie*, été 2009, p. 15 (http://choiseul.info/geoeconomie/ : cet article reprend le texte fondateur de l'auteur qui en 1997 avait contribué à introduire cette notion en France et lancé la revue éponyme).

16- Jean-Michel Vernochet, « France-Iran; quelle marge de manœuvre pour Paris ? », Tribune, *Revue Défense nationale*, n° 391, juin 2013, www.defnat.com

17- Michel Makinsky, « Nouvelles sanctions américaines contre l'Iran : l'étrange signal de Washington », *Le Cercle Les Échos*, 10 juin 2013.

des dernières décennies, s'effondrer. L'Allemagne, par exemple, aurait été moins impactée puisque son secteur manufacturier et automobile est florissant. Le problème se complique encore lorsque l'on sait que les Américains n'ignorent pas que lorsqu'il s'agira de passer aux choses sérieuses, c'est-à-dire des accords de sécurité avec les États sanctionnés (Cuba, Iran, Corée du Nord) ces derniers chercheront d'abord à les obtenir avec Washington, ce qui se traduira aussi par une coopération économique, peu importe finalement si c'est cette puissance majeure qui a tout fait pour les faire fléchir. En revanche, ceux qui se seront montrés suivistes et sans nuances n'auront que peu de chances de se voir réserver une place de choix car leur valeur ajoutée sera considérée comme négligeable tant politiquement qu'économiquement, même si les États réintégrés dans le jeu international chercheront aussi à diversifier leurs partenariats. Plus grave, cette défiance vis-à-vis de puissances moyennes en perte de vitesse risque de s'étendre à d'autres marchés pour le moment préservés. Imaginons que demain un pays soit dans la ligne de mire de Washington au nom du non respect des droits de l'homme par exemple ou des droits de certaines minorités et exige de « ses alliés » qu'ils renoncent à s'y implanter, alors il est probable que cela amènera définitivement les États qui peuvent se sentir menacés à privilégier des émergents qui préconisent une approche plus pragmatique et moins idéologique au nom du respect des différences et des particularismes locaux et du refus de l'ingérence des plus puissants.

Conclusion

Les sanctions ont donc un effet boomerang, puisque censées affaiblir les États réfractaires au système international dominé, bien que de moins en moins, par l'Occident, lorsqu'elles sont mal ciblées ou évaluées, elles se retournent parfois contre ceux qui les édictent. Si bien qu'elles participent de ce basculement du monde qui voit de plus en plus la sphère eurasiatique (et plus particulièrement russo-asiatique ou russo-chinoise avec quelques alliés de poids) s'imposer comme alternative à l'« hyperpuissance » et à ses vassaux, se nourrissant notamment d'une volonté de revanche, afin de laver les humiliations ressenties à tort ou à raison[18] au cours des siècles passés.

18- Bertand Badie, *Le temps des humiliés (Pathologie des relations internationales)*, Paris, Odile Jacob, 2014.

Bulletin d'abonnement
ou de
réabonnement

M, Mme, Mlle Prénom

Société/Institution

N° Rue

Code postal ville

Pays

Adresse électronique

	France	Antres pays
1 an (2 numéros)	35 €	50 €
2 ans (4 numéros)	65 €	85 €

Je souscris un abonnement pour ❑1 an ❑ 2 an

À partir du numéro

Date Signature/Cachet

Paiement par chèque à l'ordre de

Éditions L'Harmattan

5-7, rue de l'École polytechnique ; 75005 Paris

Bulletin d'abonnement

L'HARMATTAN ITALIA
Via Degli Artisti 15; 10124 Torino

L'HARMATTAN HONGRIE
Könyvesbolt ; Kossuth L. u. 14-16
1053 Budapest

L'HARMATTAN KINSHASA
185, avenue Nyangwe
Commune de Lingwala
Kinshasa, R.D. Congo
(00243) 998697603 ou (00243) 999229662

L'HARMATTAN CONGO
67, av. E. P. Lumumba
Bât. – Congo Pharmacie (Bib. Nat.)
BP2874 Brazzaville
harmattan.congo@yahoo.fr

L'HARMATTAN GUINÉE
Almamya Rue KA 028, en face
du restaurant Le Cèdre
OKB agency BP 3470 Conakry
(00224) 657 20 85 08 / 664 28 91 96
harmattanguinee@yahoo.fr

L'HARMATTAN MALI
Rue 73, Porte 536, Niamakoro,
Cité Unicef, Bamako
Tél. 00 (223) 20205724 / +(223) 76378082
poudiougopaul@yahoo.fr
pp.harmattan@gmail.com

L'HARMATTAN CAMEROUN
BP 11486
Face à la SNI, immeuble Don Bosco
Yaoundé
(00237) 99 76 61 66
harmattancam@yahoo.fr

L'HARMATTAN CÔTE D'IVOIRE
Résidence Karl / cité des arts
Abidjan-Cocody 03 BP 1588 Abidjan 03
(00225) 05 77 87 31
etien_nda@yahoo.fr

L'HARMATTAN BURKINA
Penou Achille Some
Ouagadougou
(+226) 70 26 88 27

L'HARMATTAN SÉNÉGAL
10 VDN en face Mermoz, après le pont de Fann
BP 45034 Dakar Fann
33 825 98 58 / 33 860 9858
senharmattan@gmail.com / senlibraire@gmail.com
www.harmattansenegal.com

L'HARMATTAN BÉNIN
ISOR-BENIN
01 BP 359 COTONOU-RP
Quartier Gbèdjromèdé,
Rue Agbélenco, Lot 1247 I
Tél : 00 229 21 32 53 79
christian_dablaka123@yahoo.fr

650528 - Avril 2016
Achevé d'imprimer par

1livre.com
du rêve à la réalité !

www.ingramcontent.com/pod-product-compliance
Lightning Source LLC
LaVergne TN
LVHW051351061026
849535LV00009B/3117